国家社会科学基金教育学一般课题：
明治时代至“二战”前的学校体育与日本崛起（1868—1937）（BLA140069）

# 日本近代学校体育研究

## （1868—1936年）

刘春燕　白少双　著

人民体育出版社

**图书在版编目（CIP）数据**

日本近代学校体育研究：1868—1936 年 / 刘春燕，白少双著. --北京：人民体育出版社，2022（2024. 1 重印）

ISBN 978-7-5009-5927-4

Ⅰ. ①日… Ⅱ. ①刘… ②白… Ⅲ. ①学校体育—研究—日本—1868-1936 Ⅳ. ①G813. 135

中国版本图书馆 CIP 数据核字（2020）第 260255 号

*

人 民 体 育 出 版 社 出 版 发 行

天 津 画 中 画 印 刷 有 限 公 司 印 刷

新 华 书 店 经 销

*

710×1000 16 开本 11 印张 203 千字

2022 年 3 月第 1 版 2024 年 1 月第 2 次印刷

*

ISBN 978-7-5009-5927-4

定价：58.00 元

社址：北京市东城区体育馆路 8 号（天坛公园东门）

电话：67151482（发行部） 邮编：100061

传真：67151483 邮购：67118491

网址：www.psphpress.com

# PREFACE
# 前　言

中国与日本一衣带水，在长期的历史进程中交往频繁，互为近邻和长期交往这一无可改变的现实，注定了我们必须要关注、了解日本，对日本予以全方位的认识和考察，因而日本历来是我国史学研究关注的一个重点。

从明治时期（1868—1912 年）开始到“二战”前是日本历史发展的重要时期。明治是日本历史剧烈变革的转折点，通过明治维新日本迅速崛起，由落后的封建小国一跃成为东亚唯一的资本主义强国，整个国家面貌发生翻天覆地变化的同时，日本也迈开了扩张国权的外侵步伐。1912—1926 年的大正时期作为明治到昭和之间的过渡，在日本近代史上占有重要地位，大正前期是日本明治维新以后前所未有的盛世。1926—1936 年是日本从半战时体制向战时体制过渡的时代，日本挑起或参加了一系列对外战争，国内的军国主义体制进一步加强，军国主义教育也逐步体制化。可以说，这段历史时期是日本政治、经济、文化、军事、教育等发生剧烈变化的重要时期。

体育是一扇窗，在明治到“二战”前日本巨变的过程中，近代学校体育也逐步产生、确立，为其培养近代社会所需的人才服务，成为日本近代国家建设的组成部分，具有不容忽视的地位，但中外学界对此尚缺乏全面认识和深入探讨，对该时期日本学校体育整体发展状况的研究也有很多不足。

究其原因，中国传统史学研究的焦点历来关注政治、经济、军事等，虽然体育作为社会生活的组成部分，对于理解社会变迁有极为重要的作用，有时甚至可以说是理解社会变迁、解开许多历史之谜的一把钥匙，但传统的中国史学研究其治史视线历来是远离体育的，因而中国学者对明治至“二战”前日本历史的研究领域主要指向政治、经济、军事、教育等，对其学校体育的研究较少。日本学者对这段历史尤其是对明治史研究较为关注，但其研究史实描述居多，而分析讨论和历史反思相对薄弱，欧美学者对日本这段历史中的学校体育研究成果也很少，所以本书选取的这段学校体育历史尚有很大的研究空间。

本书的主体内容是国家社会科学基金教育学一般课题“明治时代至‘二战’前的学校体育与日本崛起（1868—1937）”的结题成果，也受益于河北师范大学项目“日本近现代中小学学校体育研究”奠定的研究基础。采用文献资料、专家访谈、逻辑分析等方法，系统梳理日本1868年明治维新至1936年学校体育的发展历程与面貌，深入分析学校体育的特征、学校体育在国家崛起中的地位与作用，剖析学校体育发展的影响因素以及对中国体育的启示等。1868年是明治维新的开始，1936年后日本学校体育随着其战争推进发生较大的变化，所以本研究就截止到1936年。考虑历史事件的前后延续性，还有少数地方涉及1936年以后的内容，以便让大家更清晰、全面地掌握事件的前因后果，加深认识。

从明治时期到“二战”前经历了近80年历史，“二战”前日本的学校体育并非单纯的教育和体育现象，它是日本由弱及强迈入现代化过程中的重要环节，融入了国家走向强大进而走向侵略扩张的过程。日本学校体育因明治初期开始的文明开化、习学欧美而表现出学校体育发展的科学性一面，其在“二战”前日本文明开化、发展教育、改善国民体质、富国强兵等方面都发挥了重要作用，这段时期日本对学校体育的重视值得借鉴。但随着日本军国主义的发展和战争的不断推进，从明治中期开始，学校体育中出现军国主义萌芽，直到“二战”结束都始终渗透着强烈的为对外扩张侵略服务的军国主义色彩，影响了其学校体育及学生的正常发展，这是值得深思和批判的。

希望本书的出版能够丰富学术界对日本近代历史的研究，丰富日本近代体育史的研究，并以学校体育为一个新的角度，加深对日本文化的理解与认识。因时间仓促，本书尚有许多不完善之处，敬请广大读者批评指正。

**刘春燕**

**2021年8月21日**

CONTENTS

# 目 录

# 第一章
# 维新巨变中的身体重视与体操初兴

从第一次工业革命到20世纪初，欧美各国按照资本主义发展模式，取得快速进步，因此，“西化”与“欧化”成为鲜明的时代潮流，“西力东渐”的巨大浪潮强烈冲击着土耳其、埃及、日本、中国等非西方文明国家，其中“只有日本通过制度重建迅速进入现代经济增长阶段，树立了军国主义式的工业化样板”[1]。日本通过明治维新，由一个落后的亚洲封建小国，一跃成为资本主义强国，整个国家面貌发生翻天覆地变化的同时，也迈开了扩张国权的侵略步伐。在明治日本政治、经济、教育、社会生活的巨变过程中，近代学校体育也逐步产生、确立，成为社会文化、社会生活以及现代教育的重要内容。

## 第一节　维新图强中的国民改造

从19世纪初期开始，欧美各国不断入侵日本，面对民族危机，日本于1868年推翻幕府统治，进行“明治维新”，走上资本主义现代化之路。在这场全方位的现代化进程中，日本试图对国民进行现代化改造，其中也包括对国民身体的现代化改造。

### 一、民族危机与维新图强

为适应大规模兴起的工业革命的需求，进入19世纪后，以英国为首的西方资本主义国家积极开拓海外市场和原料产地。从19世纪初期开始，英、俄、美

[1] 罗荣渠．论现代化的世界进程［J］．中国社会科学，1990（5）：107-126.

等国不断往日本派出使节要求开港通商，均遭德川幕府拒绝。1853年6月，美国海军准将马休·佩里率舰队进入浦贺港，威逼日本开国，史称“黑船来航”。幕府被迫于1859年对俄、英、法、荷、美等国开放神奈川、长崎和函馆三个港口。

1868（明治元）年，日本推翻幕府统治，成立由大地主、大资产阶级联合执政的天皇制政府，开始进行“明治维新”，这是一场具有资产阶级革命性质并具有民族主义运动特点的自上而下的运动[1]，日本由此走上资本主义近代化之路。明治日本提出“富国强兵”“殖产兴业”“文明开化”三大基本国策，其中主体国策是“富国强兵”，富国即破坏旧的封建经济体制，建立资本主义的生产方式和管理制度；强兵即解散旧有的武士团体，组建现代化军队，建立一个经济上发达富足、军事上实力强大的资本主义国家[2]。明治日本的最大特征就是“富国强兵政策的制定和积极追求，其精神上的背景，就是以天皇为中心的统一国家的概念的确立”[3]。文明开化是要在政治制度、思想文化乃至生活方式上大力学习西方，在司法、军事、教育等诸方面均大力效仿西方，西方各种运动项目也在此浪潮中不断传入日本。由于明治政府大力提倡，以一些大城市为浪潮中心，普通国民的生活方式出现诸多变化。1871（明治4）年颁布法令，鼓励民众剪发结、除佩刀。1872（明治5）年，官员礼服采用西式，废除幕府时期的传统礼服，废除旧历实施阳历。1873（明治6）年，日本出现棒球运动，开始以“星期天”为休息日。从菜食转变为提倡肉食，日常起居从坐榻榻米到开始坐椅子，住洋房、吃西餐、喝啤酒等成为社会时尚。

明治政府制定的三大基本国策，迅速开启了日本的现代化进程，为近代教育与体育的产生发展创造了良好的外部环境[4]。在整个社会极为迅速的现代化进程中，学校体育逐渐产生、发展起来，成为现代化进程中不容忽视的重要组成部分。

---

[1] 中外史学界对于明治政府和明治维新的性质存在多种不同认识。对于明治维新有封建性革命、与封建阶级妥协的资产阶级改革、资产阶级革命、不彻底的资产阶级革命、革命和改革、民族运动等说法。我国史学界对明治维新的断限也存在1853—1877年、1867—1868年、1868—1873年、1853—1894年、1868—1911年说等不同看法。明治政权的性质，在日本“绝对王权说”占重要地位，我国学者主张“联合专政说”，包括地主和资产阶级的联合政权、资产阶级和地主的联合专政两种认识，还有认为明治政权是带封建性的特权大资产阶级专政的观点。

[2] 中村政则．日本近代思想大系：第8卷［M］．东京：岩波书店，1988：18.

[3] 本多雄治．清末民初日本武文化对中国影响［D］．广州：暨南大学，2006：16.

[4] 李文英．模仿、自立与创新——近代日本学习欧美教育研究［M］．石家庄：河北教育出版社，2001：34.

## 二、改造国民与重视身体

明治日本进行的是一场全方位的现代化，既包括国家制度、社会生活的现代化，也包括国民思想和身体的现代化，在国家的强力推动下，明治时代的日本国民比以往任何一个时代都更重视身体与健康。

### （一）人种改良与肉食

日本人认识到，本国与西洋诸国不仅在政治、经济、军事等方面差距甚大，在体力、体格上与欧美人也不可同日而语。井上哲次郎曾言，日本人不仅“智识、筋力、体格等都比西洋人劣等”，而且“体格也比中国、朝鲜矮小”[1]。西洋人身躯伟岸，日本人身材瘦小，日本人与西洋人一起走路“简直犹如蝉、蚊之较”[2]。

1886（明治19）年以后，人种改良论逐渐在日本盛行，田口卯吉和高桥义雄是其代表人物。1884（明治17）年，高桥出版《人种改良论》，提出日本在人种、生活方式、饮食、体育、卫生等方面与西洋相比均有差距。日本在优生方面有结婚过早、嫁娶选择区域狭小、不顾血统优劣等弊端，为改变这一弊端，他们主张从社会组织、民俗、生活习惯、优生优育、种族融合等方面，研究提高日本人整体素质的方法，提出与西洋人“杂婚”、废除婚姻陋习、提高生活品质及体育锻炼等改良日本人种的方法[3]。

日本改良体格的另一种重要方法是肉食。近代日本倡导肉食最早、影响力最大的是福泽谕吉，他讲道，“日本人躯干短小、颜色苍苍，如丧家之犬，在万国竞争的今日，实为国家之大患。倘若不迅速剪除旧有的菜食陋习并转为肉食，一旦遭难，将会追悔莫及”[4]。他推崇以肉食和乳制品为主的西洋饮食。日本人在近代以前几乎不吃肉食，1854年“黑船来航”后，欧美文明传播迅速，经福泽谕吉大力倡导及政府当局推动，肉食之风逐渐在日本传播开来。

---

[1] 真嶋亚有．现代肉食时代：明治时期日本军事肉食需求与肉食观的特征［J］．国际基督教大学学报，2002（Ⅲ-A）：213-230.

[2] 晴光馆编辑部．竞技运动体育读本［M］．东京：晴光馆，1903：1.

[3] 高桥义雄．人种改良论［M］．东京：风间书房，1961：21.

[4] 福泽谕吉．必须食肉［M］//福泽谕吉．福泽谕吉全集：第8卷．东京：岩波书店，1970：453.

### （二）建设清洁文明的国家

明治政府推行系列“卫生运动”，把国民身体变成国家管理和改善的对象，出版各种健康图书手册、编写推广卫生歌曲，普及卫生知识，指导国民科学养生、预防疾病。卫生局对饮用水进行管制，并清洁厕所粪便，改善环境卫生[1]。

1894（明治27）年9月，文部省训令要求加强小学卫生管理。1896（明治29）年5月，设置学校卫生顾问和卫生主事，制定学校卫生制度。1897（明治30）年，颁布《学校清洁法》，首次对学校卫生作出具体要求，将学校清洁分为日常清洁、定期清洁和浸水后清洁三种。1898（明治31）年公布《公立学校设立校医事件》，要求公立学校设置校医，每年对学生进行两次身体检查，定期检查教室采光、室内温度、饮水情况、桌椅黑板间距等[2]。1898（明治31）年9月颁布《学校传染病预防及消毒法》，指出学校应当预防的3类17种传染病，如猩红热、百日咳、风疹、水痘、传染性皮肤病等[3]。

解剖学是体育科学发展的重要基础理论之一，明治日本在较短时间内建立起了近代解剖学与医学教育体系[4]。明治初期，日本翻译多种西方解剖学著作，专门经营医学译著的书店和出版社也出现了。1877（明治10）年以后，日本学者开始自己编写解剖学书籍，19世纪末期实施人体解剖。

改良人种、提倡肉食、塑造卫生国民、重视学校卫生，都是重视身体与健康的表现，其实际出发点虽然都是为了图强奋起、扩张国权，但在客观上也利于体育的发展。

## 第二节　体育观念的变化与欧美体操传入

明治维新以前，身体运动仅作为职业教育手段存在于武士教育的武技传授中，尚未意识到其教育意义。进入明治时期，日本对于身体运动的教育意义有了全新认识。

---

[1] 王梅．论近代日本构建清洁文明国家的策略［J］．日本文化研究，2011（6）：120-125.

[2] 武田铃三．小学校适用哑铃体操法解说［M］．新泻：安达文华堂，1903：附录．

[3] 陈婉玲，杨辉．新译日本法规大全：第8卷［M］．北京：商务印书馆，2008：686-688.

[4] 牛亚华．中日接受西方解剖学之比较研究［D］．西安：西北大学，2005.

## 一、福泽谕吉与嘉纳治五郎的理念

日本文明开化巨匠、启蒙运动旗手福泽谕吉（1835—1901 年），是日本近代杰出的民族主义启蒙思想家和教育家，他积极传播西方资本主义文明的同时，将日本引上脱亚入欧和侵略扩张的道路。

明治初期日本受封建专制和儒家思想影响，认为安乐享受才是养身之道，重视智育、德育而忽视体育，导致国民体质十分衰弱。而福泽谕吉特别重视体育，他写的《西洋事情》（1866）一书介绍欧美各国学校体育，强调学校运动的重要性。1868（明治元）年，其开办的庆应义塾就按照英国学校的做法开展体育活动，“午饭、晚饭后，进行攀木和球戏，遵照学校规章，参加各种游戏活动，努力锻炼身体”。他说：“活泼的精神寓于健康的身体，生来身体虚弱多病绝不会有超人的智慧和判断力，即便有也难以应用。”[1] 他明确提出在学校中应实施“和谐发展”的教育，三育并重，使体育、智育、德育均衡发展成为教育的根本宗旨[2]。他认为“人生下来之后，必须体育、智育、德育同时加以注意”[3]，主张将体操列为必修课程。福泽谕吉主张通过体育锻炼儿童身体，培养儿童旺盛的精神和顽强的意志，使其具有独立生活能力。福泽谕吉曾言，“先成兽身，后养人心”，如果人人都能做到身体像车夫，思想像哲学家，足能行千里，就可以明察秋毫地分析事物始末，初步成为一个文明的学者[4]。

嘉纳治五郎是日本近代杰出教育家、日本近代体育之父[5]。他把走向衰败的柔术改造成柔道，使其走向世界，为振兴日本传统文化做出较大贡献。1909（明治 42）年，他成为日本最早的国际奥委会委员，1911（明治 44）年，创办日本业余体育联合会并任主席。他曾任东京高等师范学校校长，在任 26 年，该校是日本培养中等师范学校校长、教员及中学教师的最高学府，是全国唯一的高等师范学校，所以其教育思想对日本教育产生了重要影响。嘉纳主张德、智、体并重，1902（明治 35）年 10 月，弘文学院举行第一次毕业典礼，毕业前院长嘉

[1] 上沼八郎．福泽谕吉教育论集［M］．东京：岩波书店，1981：110.

[2] 福泽谕吉．福泽谕吉教育论著选［M］．王桂，译．北京：人民教育出版社，2005：26，119，122，128，185.

[3] 福泽谕吉．福泽谕吉全集：第 12 卷［M］．东京：岩波书店，1961：471.

[4] 井上雄．日本的教育思想［M］．日文版．东京：福村社，1979.

[5] 余建华．嘉纳治五郎与日本柔道的发展［J］．体育文化导刊，2004（7）：60-61.

纳治五郎曾两次给中国学生讲话，提出："中国最当务之急的教育是普通教育和实业教育，普通教育即以国民教育、小学教育为基础，在此之上建立专门教育。普通教育由德育、智育、体育构成……普通教育的目标，要言之系养成具备国家一员资格之国民。"[1] 他认为体育是普通教育的重要组成部分。

## 二、普通国民的认识

明治日本国民对体育的认识逐步深化，经历了一个渐进过程。

《学制》实施后，虽然中小学把体操作为必修课，但社会上还有很多人认识不到体育的重要性。1887（明治20）年，"最近各小学校开设体操运动一科，高等中学、师范学校及大学还有步兵演习或端舟竞漕、赛艇，这些对于培养强壮身体和活泼精神都十分有利。然而寻常丁壮者却有人将体育运动视同儿戏，尤其是妇女，深闺静坐，偶尔有人尝试一下活泼的运动，却恐遭世人嘲讽，因此即便偶尔步行一段路程都会感觉疲劳"[2]。

1888（明治21）年，陆军三等军医田上耕助在其著作中说："我国实行国民军制度，一朝战争事起，凡年满17~40岁之男子，均需服兵役。忍耐非常之艰苦，在枪林弹雨间东奔西走的，或他日在社会机关中任要职之人，均为今日之学生。为完成明日之任务，需要强健的身体。"[3] "运动按照目的分为摄生运动和疗病运动，近来学校里开展体操，以达到体育和智育并重，这就是摄生运动"[4]。书中用了大量篇幅描述运动对肺脏、心脏、胃、肠、筋骨、关节、皮肉的好处。

1892（明治25）年，日本学者涩江保讲到了学校及社会中一些人不注重体育锻炼，导致体力衰弱，社会风气衰败，"放眼今日'书生社会'，虽有不少强壮之身，但这些青少年戴眼镜、拄手杖、颈上缠手帕，每天到学校还要乘坐人力车。为矫正以上诸种弊端，培养身体强壮、力量强大、豪胆大度之人，培养诚实、忠直、质朴、有'坚铁心'之人，体育是最紧要的"。他又讲到"体育与智

[1] 北冈正子，靳丛林．鲁迅改造国民性思想的由来——加纳治五郎给第一批毕业生讲话的波澜［J］．鲁迅研究月刊，2002（3）：20-28.

[2] 保利联．卫生室内运动［M］．大阪：宋荣堂，1887：2-3.

[3] 田上耕助．学徒卫生运动要诀［M］．大阪：松城堂，1888：2-3.

[4] 田上耕助．学徒卫生运动要诀［M］．大阪：松城堂，1888：3-8.

育等同等重要，体操是其中的一种方法”[1]。

1904（明治37）年，武田千代三郎对竞技运动的认识空前深入，他认为运动的目的绝不仅是锻炼肌肉，智力培养和德性陶冶比肌肉锻炼更重要，“运动的可贵之处，就在于运动不单单是体育的手段”[2]。他从“运动对于体育的价值、运动对于智育的价值、运动对于德育的价值”三方面考察运动的真正价值。

1908（明治41）年，武田文三郎说：“目前，我国正与海外列强进行文明竞争，单是致力于‘学理’是不够的，身体锻炼、使身心均衡发展才是竞争的基础。”[3] 因此，他认为要重视体育的发展，而不能只是重视智育、德育。他说，英国人赫伯特·斯宾塞所说的教育即智、德、体三育的说法，是一种进步的学说，八十余年来得到了日本教育界的肯定和宣扬[4]。

川濑元九郎是日本体育会体操学校首席教师、教务主任，他在1910（明治43）年讲到运动的效能，“如果每天运动，效果很明显，即食欲增加，气色好、睡眠好、翌日起床时身体疲劳得到恢复，体力强健，从事多少劳力的工作也不会疲劳，肌肉增加，精神爽快，元气旺盛。能够胜任长时间剧烈的工作和学习，大脑不会疲劳”。他认为“体操是每天必需的，对于每个人而言都很重要。商人、公司职员、银行职员、官吏、教师、学者、医生、美术家、律师、学生等经常使用脑力而较少使用体力的人，如能通过运动达到上述效果，实在是极大的幸福”[5]。

东京高等师范学校教授兼东京女子高等师范学校教授永井道明，1911（明治44）年讲道，随着世界越来越进步，脑力劳动越来越多，体力劳动方式在逐渐减少，人们生产生活中体力付出不足，运动机会减少。城市居民不出来呼吸新鲜空气，享受阳光，我们的身体就会越来越弱。欧美人已认识到上述原因和后果，因此无论男女老少、皇帝、总统、大臣、富商等都热衷于保养身体。他们成立种种团体运动俱乐部、体育会，建设运动场成为其社会政策的一个组成部分。基督教青年会把体育当作重要的工作。也就是说适者生存，或者说优胜劣败，注意“体育”的人，能成为优胜者，忽视“体育”的人，则易于成为“劣败”者。国民和国家都是如此，重视体育就能强盛，蔑视体育就会衰弱，这是自然的结果。体

[1] 涩江保．简易体操法［M］．大阪：宋荣堂，1892：1-3.
[2] 武田千代三郎．理论实验竞技运动［M］．东京：博文馆，1904：3.
[3] 武田文三郎．学校游戏的理论及实际［M］．京都：隆文馆，1908：2-3.
[4] 武田文三郎．改正小学校体操法解说［M］．大阪：积善馆发行所，1906：1.
[5] 川濑元九郎．家庭运动法［M］．东京：内田老鹤圃，1910：15.

育是“国家富强的基础”，虚弱的人要依靠养生、依靠运动，保重自己[1]。

可见，到明治末期，民众已认识到身体健康的重要性，以及运动对每一个人健康的意义。随着社会文明进程的不断推进，人们对体育的认识逐步深化，整体上较明治之前对体育的认识有了明显进步。不过到了1910（明治43）年，社会中仍有些人认为体操没有必要，体操教师是“野卑贱劣”的职务[2]，在实践中一些学校仍然是智育高于体育。

## 三、欧美体操传入

受儒家传统教育的影响，明治以前日本学校教育中身体教育较为缺乏，主要是武士教育中的武艺训练，其目的主要是传授职业技能、训练精神。到明治时代，通过引进西方体育，改变了传统的养生法和武艺锻炼法，明治体育日益西欧化[3]。幕末时期伴随幕府兵制改革，体操作为世界近代主要体育手段之一引入日本，其后学校也开始采用体操。

从18世纪到19世纪（江户时代末），闭关自守的日本受到军事力量强大的欧洲诸国冲击，开始提升现代化的军事实力，体操作为军事训练的基本手段得到重视。1841（天保12）年，幕府曾令武州德丸原（现东京都板桥区高岛平）武士演习西式体操。1856（安政3）年，为强化幕府兵力而建立的讲武所开始研究西洋兵制，最初主要研究荷兰式军事训练，到庆应（1865—1868）年间，开始频繁翻译英法操练书籍。1866（庆应2）年11月，幕府从法国招聘军事教官团，次年到达横滨训练日本的步兵、骑兵和炮兵。法国教官发现日本士兵的身体运动能力很差，于是向日本政府建议实施体操，并指导士兵训练体操。1867年，田边良辅的法国式《新兵体术》成功出版，进一步向大众推广体操。

法国式的体操讲习取得一定成效，各藩为充实战备，也纷纷邀请接受过法国式讲习的旧幕人来指导军事训练和体操。就这样，体操伴随兵制改革，作为提高士兵身体能力的手段被引入日本[4]。幕末西洋军事体操的引进，是日本近代体

[1] 永井道明．家庭体操［M］．东京：东京发行所，1910：3-6.

[2] 小林矾治．最新学校体操之理论及体操游戏教授细目［M］．东京：平本健康堂，1910：26-27.

[3] 岸野雄三．体育史——试论体育史学［M］．成都体育学院，译．北京：国家体委百科全书体育卷编写组，1982：180.

[4] 大熊广明．日本学校体育的建立和改组中采用军事体操和训练方法的意义：以明治和大正时代为中心［J］．筑波大学体育科学系纪要，2001（24）：57-70.

育的萌芽[1]。

日本军队的体操，维新以前采用柔软体操，明治初年渐次采用器械体操。1873（明治6）年，日本陆军采纳法国军官艾休曼的建议，设立户山出张所（即户山学校），集中各镇台士官、下士官研究体操；1874年，又聘请法国军官并由沼津兵学校的石桥好一翻译法国《体操书》，大大促进了军队体操的教授。1878（明治11）年，学校领域的体操研究机构——体操传习所成立，并聘请美国人李兰多博士传授1860年美国内科医生路易斯博士（Dr. Dlo Lewis）创造的普通体操即“新体操”，该体操在整个明治时代一直流行[2]。“新体操”主张通过体操使儿童身体正常发育，认为这和发展儿童智力、道德品质一样重要，都是学校应完成的任务。

## 本章小结

明治时期日本的学校体育，是在“佩里叩关”后面临西方威胁，为抵御外侮、维新图强，在前所未有的重视身体与健康、重视教育的背景下产生的。

由于工业革命的进展，欧美文明发展迅速，封建幕府统治下的日本危机重重，为摆脱民族危机，日本在剧烈社会变革的明治维新中，实施“富国强兵”“文明开化”“殖产兴业”三大国策，政治、经济、文化、教育、社会风尚的巨变都成为近代学校体育产生的不可忽视的历史背景与基础条件。

明治时期，为追赶欧美、御侮图强，塑造现代国民，日本国内对“身体”“健康”“卫生”“体格”“体力”等表现出空前的关注与重视，这是利于学校体育产生与发展的重要思想前提。疾呼改良人种、提倡肉食、铸造卫生国民、构建清洁国家，重视学校卫生工作，这些都是对身体与健康的极端重视，虽然其实际出发点都是为扩张国权，但在客观上，这些思想认识为体育的发展打下了良好的思想基础。而解剖学的引进与发展，为体育进步打下了坚实的人体科学理论基础。

日本历来具有“尚武”之风，武士和平民中均流行武艺。在世界近代体育的国际传播潮流中，体操传入日本，首先被军队系统作为提高军队战斗力的训练手段而采用。

---

[1] 本多雄治．清末民初日本武文化对中国影响［D］．广州：暨南大学，2006.

[2] 谭华．体育史［M］．北京：高等教育出版社，2009：122.

# 第二章
# 明治时期的学校体育（1868—1912年）

在新的社会历史条件下，在崭新的政治、经济、军事追求中，在力争扩张国权、谋求与西方列强平等的自强运动中，在对身体、健康、体格的空前重视下，在军队已经引入了当时世界流行的体育形式——体操的前提下，日本近代学校体育呼之欲出。明治时期，日本近代体育逐渐发育起来，其中龙头和主体就是学校体育。日本近代学校体育在明治时期从无到有，初步制度化、体系化，日本学者将明治时代视为“日本近代体育的成立期”[1]，笔者认为，明治时期同样可视为日本近代学校体育的“成立期”、开端期。学校体育是日本面对危局，谋求雄起的必然选择之一。

## 第一节　明治时期学校体育的发展历程

依据教育制度的变化，同时考虑军事因素对学校体育发展的突出影响，明治时期的学校体育可划分为《学制》时期、《教育令》（体操传习所）时期、《学校令》时期和《改正学校令》时期四个阶段。

### 一、《学制》颁布与体操课程的初步制度化（1872—1879年）

在1872（明治5）年8月《学制》颁布之前，军队已经开展体操，有些藩校也开展游泳、武术、体操等运动。

1871（明治4）年7月，日本政府设立主管教育的行政部门文部省。1872

[1] 能势修一．明治体育史的研究：以体操传习所为中心［M］．第2版．东京：逍遥书院，1971.

（明治5）年，文部省公布日本近代史上首次由中央政府颁布并切实推行的教育立法《学制》，标志着日本近代教育体制的初步创立。在《学制》时期，日本已经具备“军国”特征，军费高居政府财政开支之首，军方提出“国民皆兵”的构想并加以实践。1873（明治6）年10月，岩仓具视在上奏天皇的意见书中直言不讳地称日本为“军国”[1]。

《学制》规定寻常小学分为上、下两级，均修业4年，设“体术”科目。文部省要求各小学开设课程要严格按照《学制》规定的科目，因此，全国的小学迅速建立起了较为统一的课程模式[2]。普通中学包括上等中学（17~19岁）开设课程15门，下等中学（14~16岁）开设课程16门，均不设体操。不过，从《学制》颁布之年开始，一些有外国教师执教的学校开始在课外活动中开展体操[3]。

1873（明治6）年4月，文部省颁布《学制二编追加》，规定兽医学校、商校、农校、工科学校、矿山学校、艺术学校、理科学校、医校、法校等校预科设置“体操”课程，本科设置“翻译体操”课程。规定“体操”作为外语学校的低级和高级科目。1873（明治6）年，文部省修订《小学教则》，规定“各年级开设体操课，每天练习1~2个小时”[4]。要求小学统一开设课程，统一教学计划。

《学制》时期的体操课程设置如表2-1所示。

**表2-1 《学制》时期体操课程一览表[5]**

| 学校类别 | 规定时间 | 教学时数 |
|---|---|---|
| 普通小学 | 1873（明治6）年 | 每天1~2小时 |
| 东京师范附属小学 | 1874（明治7）年 | 每次5分钟，每天3次 |
| 师范学校 | | 按照普通小学准则 |
| 外国人任教的中学 | 1872（明治5）年 | |
| 各专业学校 | 1873（明治6）年 | 每日1小时 |

[1] 日本史籍协会．岩仓具视关系文书一［M］．东京：东京大学出版会，1983：365.
[2] 佐藤英一郎．日本的现代化和教育改革［M］．东京：金子书房，1987：26.
[3] 井上三佐男．从体育制度的角度看明治和大正时期的学校体育：主要是男子中学的体育教育［J］．淑德大学研究纪要，1974（8）：64-84.
[4] 教育史编纂会．明治以后教育制度发展史：第1卷［M］．东京：龙吟社，1938：438.
[5] 木下秀明．明治时期学校教育对体操的看法：主要以普通体操和军事体操的形成过程为中心［J］．体育学研究，1957，2（6）：235-246.

当时很多体操内容均直接译自西洋，不仅学生接受困难，而且能够讲授体操的教师也寥寥无几，所以有一些学校对于西洋传入的体操实际上难以接受。据文省部第三年、第四年年报记载，1877（明治 10）年左右，26 所小学中将体操列入教学科目的实际只有山梨、千叶、广岛、京都、东京、青森、福岛七个府县，更多的地方是把体操作为课外活动来实施。由于体操是非必修，所以各校实际执行情况有较大差异[1]，有些学校实际上并未开展[2]。

《学制》制订的教育计划过于庞大，完全照搬外国教育制度，严重脱离日本现实，引发诸多国民抵触[3]。于是政府着手调查并修改学制，1879（明治 12）年 9 月，明治政府废除《学制》，公布《教育令》[4]。

## 二、《教育令》与学校体育的初步科学化（1879—1886 年）

### （一）《教育令》下的体育课程

《教育令》是文部大辅田中不二磨主持制定的，田中十分推崇美国的教育制度。因此，《教育令》受美国教育制度的影响很深，以其避免强制管理的特点而被称为“自由教育令”。教学内容较为精简，小学只有读书、习字、历史、修身、算术、地理等科目为必修，唱歌、图画、体操、物理、生物、博物、裁缝等科目均为选修[5]。

《教育令》的自由主义精神与日本集权式的国家管理体制不适应，于是 1880（明治 13）年 12 月明治政府颁布《改正教育令》[6]。1881（明治 14）年 5 月，文部省制定《小学校教则纲领》，小学划分为初、中、高等三个阶段，均开设体操，各地可以根据具体情况和男女差异适当增减小学学科，但修身、读书、习字和算数四科必不可少[7]。

1881（明治 14）年前，仅在有外国人任教的中学开展体操。1881（明治 14）

[1] 水田嘉美，小村渡岐磨，古谷嘉邦，等．从体育政策的角度看体育教师的形象的研究［J］．东海大学纪要体育系，1977（7）：45-54.
[2] 能势修一．明治时期学校体操的建立过程研究［D］．筑波：筑波大学，1992.
[3] 王桂．日本教育史［M］．长春：吉林教育出版社，1987：137.
[4] 滕大春．外国教育通史：第 4 卷［M］．济南：山东教育出版社，1992：397.
[5] 王桂．日本教育史［M］．长春：吉林教育出版社，1987：137.
[6] 贺国庆，于洪波，朱文富．外国教育史［M］．北京：高等教育出版社，2009：262.
[7] 国立教育研究所．日本近代教育百年史：第 3 卷［M］．东京：文唱堂，1974：1004-1005.

年 7 月，文部省公布《中学校教则大纲》，中学分为初、高两等，加入体操科目，从此在制度上确认了中学体操课程，不过尚未明确规定教材、学年分配、每周教授时数等。只规定“应在适宜的时候进行体操课程”，并未在每周课表中安排专门的体育运动时间[1]。直到 1886（明治 19）年《中学校令》颁布后，体操在中学才成为必修课程。

小学体操课在 1879（明治 12）年、1880（明治 13）年《教育令》中均规定为选修课，如 1879 年教育令第三条“根据各地情况加入图画、唱歌、体操等科目”[2]。

1882（明治 15）年，设立东京女子师范学校附属高等女子学校，开设修身、读书、习字、作文、算数、本国历史、地理、化学、图画、博物、物理、裁缝、礼节、家政、音乐、体操课程，其中体操课每周两小时。

### （二）体操传习所的建立与学校体育的科学化

1879（明治 12）年《教育令》公布到 1886（明治 19）年《学校令》公布的八年时间，与体操传习所设立到废止的时间基本一致。日本“学校体操的全面开展，是从 1878（明治 11）年体操传习所创设专门培养教师开始的”[3]。为“研究选定适合本国的体育方法，并以此培养优秀的（体操）教师”[4]，1878（明治 11）年 10 月，文部省决定在东京府开设体操传习所，这是日本体育史上第一次设立专门的体育师资培养机构和体育研究机构，也是在各门课程之中，最早设立的专门的师资培养机构。

体操传习所招生严格，学生毕业后在三年内须到文部省指定职位任职。第一批学生的学习内容非常全面，包括体操术、解剖学、生理学、健全学等与体育关系密切的理学学科，以及英学、汉字、数学、物理学、化学、图画、透视图法等教养科目，其中后两类科目只学习其重点内容。课外活动开展一些西方近代体育项目，如足球、板球、投环、循环球、棒球、滚轮等[5]。

体操传习所为近代体育和近代学校体育的形成奠定了坚实的人才基础，开创

[1] 井上三佐男．从体育制度的角度看明治和大正时期的学校体育：主要是男子中学的体育教育［J］．淑德大学研究纪要，1974（8）：64-84.
[2] 文部省．教育令［Z］．东京：国立公文书馆，1879：2A-10-2544.
[3] 小林矶治．最新学校体操之理论及体操游戏教授细目［M］．东京：平本健康堂，1910：19.
[4] 今村嘉雄．日本体育史［M］．东京：不昧堂，1970：343.
[5] 今村嘉雄．日本体育史［M］．东京：不昧堂，1970：343.

的学生“活力检查”制度影响深远，到1886（明治19）年，传习所废止[1]。

### （三）兵式体操初兴

兵式体操进入学校体育课且成为必修课是在1886年，然而此前有一些地区已在提倡兵式体操，日本传统尚武习俗以及当时军国主义思想的萌生使一些人认为，普通体操不利于武勇精神培养，不利于为国家培养强壮的士兵，会使人趋于文弱，普通体操与日本传统的尚武文化以及与富国强兵之追求、希望以体操进行军事预备教育的国家追求不太一致。于是有人提倡传统武术，有人提倡兵式体操。

## 三、《学校令》与强制体操课程的普遍实施（1886—1900年）

### （一）兵操引入与体操课程的强制推行

19世纪80年代到90年代中期，日本出现以轻工业为主的“产业革命”，工业经济蓬勃发展。从1886（明治19）年《学校令》颁布至1896（明治29）年成立“高等教育会议”，是日本近代教育体制的确立时期。该时期，日本军国性质进一步增强，教育领域的军事色彩日益浓厚，军国主义教育初步展开[2]。

由于军国性质进一步增强和国家主义教育体制确立，学校体育出现重大变化：一是随着军国主义教育的逐步展开，在森有礼的极力主张下，兵式体操进入体育课，与普通体操一起成为体育课的主要内容；二是中小学里体育课程为必修，这体现了在国家主义教育方针及军国主义教育展开背景下，对学校体育的进一步重视。另外，运动会逐渐在全国普及，伴随兵式体操的盛行，在课外也出现了“行军”形式，以兵式行军的形式并伴随着各教科的实践教育进行，体现了教育领域里军国主义思想的逐步渗透。

1886（明治19）年4月，日本公布《小学校令》《中学校令》《师范学校令》。《小学校令》把小学分为寻常和高等两级，寻常小学唱歌和体操加起来6课时，高等小学为5课时。1886（明治19）年，《中学校令》把中学分为寻常和高

[1] 内阁．东京师范学校・废除附属体操传习所・东京职工学校设立体操专修科［A］．公文类聚第十编．国立公文书馆藏档案，1886：2A-011-00.

[2] 臧佩红．日本近现代教育史［M］．北京：世界知识出版社，2010：77.

等两类，体操成为必修课。寻常中学第 1~3 学年体操课是每周 3 小时普通体操，第 4~5 学年是每周 5 小时兵式体操。高等中学第 1~2 学年每周 3 小时兵式体操[1]。

普通师范学校第 1~4 学年男子、女子体操课均为普通体操与兵式体操，分别为 6 小时和 3 小时。高等师范学校理化生、博物学科和文科学生第 1、2 年均为体操和音乐共 6 个小时。女子师范学校第 1、4 学年为体操 3 小时[2]，内容也是普通体操和兵式体操。

师范教育具有极为浓重的军事教育色彩。师范学校校长由陆军将领兼任，学校生活方式采用军队式，师范生实行寄宿制，被服、日用品与军队几乎一模一样。配备军事训练教官，起床就寝均以喇叭为号[3]。另外在师范学校课程中也引入“兵式体操”。

高等女子学校的体育，据 1886（明治 19）年《中学校令》规定，必须对女子实行高等普通教育，将其归为中学校的一部分。1895（明治 28）年，文部省制定《高等女子学校规程》，把体操作为 12 个必修科目之一，1~4 年级学生每周 3 小时，5~6 年级学生每周 2 小时，体操科教材均为普通体操和游戏。

### （二）体育的新变化：游戏与武术

明治 20 年代出版了很多游戏类书籍，尤其是从 20 年代末到 30 年代最为突出。这一时期正是从 19 世纪转向 20 世纪的时候，世界各地的学校体育从体操时代转向游戏运动时代，从教育视角开发儿童个性，使其进行自主创造活动，日本也受到这种世界性思想潮流的影响。

以甲午中日战争为中心，随着国民尚武之风高涨，武道（武术）受到重视。1895（明治 28）年 4 月“大日本武德会”创设，1896（明治 29）年，文部省向“学校卫生顾问会”询问剑术与柔术在卫生方面的利害得失，得到的答复是“满十五岁以上的强壮者可以任意在正课科目以外练习，但不能作为随意科目进行”[4]。此后武术就作为课外活动开展，不过有的县，如熊本县，还是将武术列

---

[1] 大熊广明．日本学校体育的建立和改组中采用军事体操和训练方法的意义：以明治和大正时代为中心［J］．筑波大学体育科学系纪要，2001（24）：57-70.

[2] 大熊广明．日本学校体育的建立和改组中采用军事体操和训练方法的意义：以明治和大正时代为中心［J］．筑波大学体育科学系纪要，2001（24）：57-70.

[3] 福地重孝．军国日本的形成——士族意识的展开及其终结［M］．东京：春秋社，1959：215.

[4] 大熊广明．日本学校体育的建立和改组中采用军事体操和训练方法的意义：以明治和大正时代为中心［J］．筑波大学体育科学系纪要，2001（24）：57-70.

入随意科。

### （三）课外体育活动中运动会与行军的勃兴

日本学校运动会的开端可以追溯到海军兵学校的运动会，从1886（明治19）年开始，运动会逐渐在全国发展起来，从明治20年代经过30、40年代，到大正、昭和时代，逐渐在全国盛行；随着兵式体操编入正科，行军也逐渐在学校得到重视。行军是将学生按军队行军的模式组织起来进行校外徒步旅行或远足。如果带有了解历史、熟知地理、博山观景意味的行军则可以称为“修学旅行”。

## 四、《改正学校令》后学校体育的变化（1900—1912年）

### （一）日本帝国主义的形成与国势增强

中日甲午战争（1894—1895年）对日本影响很大，“从根本上摇撼了国民思想的日中战争，唤醒了日本国民的国家意识”[1]，1904—1905（明治37—38）年日俄战争的胜利，更是助长了帝国主义论者的嚣张气焰，以此次战争作为踏板，开启了日本的帝国主义时代[2]。由于两次战争的获胜，日本的帝国主义思想泛滥一时。

1894（明治27）年前后，日本的资本主义发展突飞猛进，开始进入产业革命时期[3]。19世纪90年代以后，日本已成为资本主义强国，敢于与世界列强平分天下。日本教育取得突飞猛进的发展，教育普及程度之高在全世界屈指可数。日本取得了与世界列强并驾齐驱之地位，就不再满足于前一时期拜倒在欧美各国脚下的状况，社会各界都认为，今后日本应该“耸立于东亚之一隅，雄飞于世界万国”[4]。

### （二）学校体育的发展

该时期，日本的“军国”特征进一步增强，军队规模不断扩大，军事机构加强，“军部”独立甚至凌驾于政府之上，军人首相居多，现役军人可以任政府

---

[1] 近代日本思想史研究会．近代日本思想史：第2卷［M］．北京：商务印书馆，1992：36.

[2] 今村嘉雄．日本体育史［M］．东京：不昧堂，1970.

[3] 刘天纯．日本产业革命史［M］．长春：吉林人民出版社，1984：8.

[4] 日本历史学会．日本现代思想史讲座：第8卷［M］．东京：筑摩书店，1961：30.

要职。1897（明治 30）年后，日本政府在全国六地开设陆军幼年学校，军界开始“侵蚀文部省当然之事业的中等教育领域”[1]。由此，甲午战争后，在日本国家整体的军国主义发展方向之下，学校教育中的军事内容进一步增强。在日俄战争前后，日本的军国主义教育进一步制度化并日益加强。在这一阶段的学校中，体操科开始被视为军事训练的一部分[2]。

小学教科书中加入军事内容，小学各项活动也颇具战争色彩，如小学男生中流行模拟战争的游戏，“小学生喜欢勇壮，嗜好军事，编队列步而前行，唱军歌、戴军帽，举旗章，以竹杖为枪而斗”[3]。某校 1904（明治 37）年秋季运动会的 32 个项目中，半数以上与战争有关，如“海战游戏”“攻击要塞”“无线电信”“俄营之梦”“攻击敌堡”等。

小学继续实施兵式体操训练，开始重新重视学校中的体操课。1900（明治 33）年 8 月，《改正小学校令》（第三次小学校令）规定小学必须开设体操课，将寻常小学体操课又改为必修，“体育越发受到重视”[4]。普通小学体操科的内容是游戏、普通体操，高等小学在游戏和普通体操之外，男生加上兵式体操。

### （三）中学体操中的普通体操和兵式体操

中学体操包括普通体操和兵式体操。普通体操包括矫正术、徒手体操、哑铃体操、球竿体操以及棍棒体操；兵式体操包括柔软体操、器械体操，个人军事训练、小队军事训练及中队军事训练。规定每个年级每周均为 3 小时。这里提出的目标包含身体形态、身体机能、精神层面和社会层面等几个方面[5]。

1902（明治 35）年 2 月首次公布的《中学讲授要目》明确规定，各学年每周体操训练时间都要达到 3 小时以上，并且各学年都要进行普通、兵式两种体操的训练。

日俄战争期间，社会教育中广泛开展军事宣传，学校也增加了各种战时活动，如组织学生参拜军人坟墓、神社等，进一步强化其军事思想。1909（明治

---

[1] 海老原治善．现代日本教育政策史［M］．东京：三一书房，1965：170.

[2] 松浪稔．日俄战争与“少年”的身体：以明治时期的教科书和杂志文章为中心开展分析［J］．日本体育学会大会号，1999（50）：800-801.

[3] 海老原治善．现代日本教育政策史［M］．东京：三一书房，1965：194.

[4] 小林矶治．最新学校体操之理论及体操游戏教授细目［M］．东京：平本健康堂，1910：19.

[5] 井上三佐男．从体育制度的角度看明治和大正时期的学校体育：主要是男子中学的体育教育［J］．淑德大学研究纪要，1974（8）：64-84.

42）年10月，文部省应陆军省要求调查中学体操，1911（明治44）年，《中学校令施行规则》第13条规定“除教授练习体操外，还应加之剑术及柔术”，加上了以前没有的击剑和柔术[1]。

## （四）武术、游戏与瑞典体操——体育课程内容的新发展

**1. 武术进入体操课程**

甲午战争、日俄战争结束后，社会对武术的关注日渐高涨，从1897—1916（明治30—大正5）年，将武术作为学校正课的呼声越发高涨。1911—1912（明治44—大正元）年，剑术和柔术第一次被加进体操课。

**2. 舞蹈与游戏等体育新形式的介绍**

从19世纪末到20世纪初，在世界范围内学校体育的内容开始由体操向自由竞技、游戏等转变，在欧美留学的坪井玄道深受启发。从1900（明治33）年到1902（明治35）年，担任高等师范学校助教的坪井，将在德国等国流行的舞蹈和先进游戏介绍到日本。1902（明治35）年，女高等师范学校教师高桥忠次郎设立“日本游戏调查会”，出版游戏丛书。这些变化，给以普通体操、兵式体操为中心的学校体育带来不小的冲击。川濑元九郎和井口阿克利也于20世纪初期开始在日本介绍和翻译瑞典体操。

**3. 文部省对学校体操的调查**

瑞典体操的引入在很大程度上动摇了以前普通体操的地位，欧美各国新游戏的引入，使一直较为单调的学校体育内容开始变得多样化，这些都给学校体育带来了新冲击。“瑞典体操在教育上的价值远远比其他各种体操法卓越”，因此改良以前的普通体操法的呼声渐高[2]。“由于瑞典体操的引入，体育界呈现混沌之状，我国体操法的革新和统一成为当务之急”[3]。文部省为给学校体育发展指明方向，于1904（明治37）年10月设立“体操游戏取调委员会”，以体操和游戏问题为中心，对19项内容展开调查。1905（明治38）年11月发表调查报告，认定瑞典式体操是“有益且有利的”，决定采用瑞典式体操，指出了以后体育课

[1] 大江志乃夫．国民教育与军队——日本军国主义教育政策的成立与展开［M］．东京：新日本出版社，1974：249.

[2] 小林矶治．最新学校体操之理论及体操游戏教授细目［M］．东京：平本健康堂，1910：20.

[3] 小林矶治．最新学校体操之理论及体操游戏教授细目［M］．东京：平本健康堂，1910：1.

程的基本方向。

## 第二节　明治时期的体操课程与教学

明治时期日本的学校体育目标，基本包含身体、精神（心理、情感）和社会三方面。体操课程内容的军事性不断增强，1886 年，兵式体操在中学成为必修，1913（大正 2）年，兵式体操变为军事训练。体操课的教学方法以教师统一号令、学生整齐划一的练习方式为主。此时提出了课堂教学的诸多注意事项，这些教学注意事项体现出一定的科学性。

### 一、体操教学目标

日本近代学校体育在明治时期尚处于形成阶段，学校体育的主体内容是体操课程，课外体育活动、运动竞赛等与体操课程相比，起步较晚，且只是微弱萌芽，相关规定也不完善，因此，当时学校体操课程的目标就是学校体育目标的主要体现。

1891（明治 24）年 11 月的《小学校教则大纲》，首次规定小学体操科指导目标："体操的目标为促进身体成长、保持健康，使精神愉悦、意志坚强，培养遵守纪律的习惯。"表述较为简略，但已包括身体和精神两个方面。1890（明治 23）年修改《小学校令》，初次列入小学教育目的，"以留意儿童身体之发达、教授道德教育和国民教育之基础及其生活必需的普通知识技能为宗旨"。其中留意儿童的身体发展被放在首位。1900（明治 33）年，第 3 次修改的《小学校令》提出体操科目标是"使身体各部位均衡发育，四肢动作机敏，保护增进全身健康，愉悦精神，练就刚毅性格，同时养成遵守纪律、崇尚协作之习惯"[1]。

1901（明治 34）年，《中学校令施行规则》明确中学体操锻炼目的：实现身体各部分均匀发育并使其强健、四肢动作灵敏，使精神愉快坚毅，培养守纪律、协力合作之习惯。目标中包含身体形态、身体机能、精神层面和社会层面的目标。

1905（明治 38）年，文部省出台《普通教育体操游戏调查报告书》，其中对

[1] 今村嘉雄．日本体育史［M］．东京：不昧堂，1970.

体操科目的规定较为详细[1]：

（1）身体无论动静能经常保持自然优美之姿势。

（2）身体各部分均衡发育。

（3）保护并增进全身健康。

（4）使四肢强壮、耐久、机敏。

（5）对与职业相关或与服兵役相关的活动，要进行与之相适应的练习。

（6）增进精神的快活、从顺、果断、沉着、勇气，增强注意、观察、思考、判断、想象、忍耐力等。

（7）能快速、敏捷、精准实现自己的意志。

（8）养成守秩序、守纪律、尚协同之习惯。

1911（明治44）年，《中学校令施行规则》在中学加入了以前没有的剑术和柔术，规定“除教授体操外，还应加上剑术和柔术”[2]。体操锻炼的目的是“使身体各部位均齐发育，身体强健、动作机敏，保持快活、刚毅、坚韧、持久，并且遵守规则、崇尚协同合作”，其中“坚韧持久”四个字为新增加的。

通过上述官方要求可知，明治时期日本的学校体育目标，基本涉及身体、精神（心理、情感）和社会三方面。另外通过一些史料也可以看到，一些学者在其体育著述中的表述与官方规定较为一致。

## 二、体操教学内容

1872（明治5）年，《学制》规定普通小学与上等小学均开设“体术”，普通中学不设体操。次（明治6）年，规定外语学校1~4年级开设“体操”课程，兽医等专门学校在预科中开设“体操”，本科设“翻译体操”。1873（明治6）年修订的《小学教则》规定：“每级开设体操课，每天1~2个小时。”[3] 1879（明治12）年、1880（明治13）年，《教育令》均规定小学体操为选修，1881（明治14）年7月，文部省《中学校教则大纲》在中学教学科目中加入体操[4]。

[1] 文部省．普通教育体操游戏调查报告书［R］．1905：7.

[2] 大江志乃夫．国民教育与军队——日本军国主义教育政策的成立与展开［M］．东京：新日本出版社，1974：249.

[3] 教育史编纂会．明治以后教育制度发展史：第1卷［M］．东京：龙吟社，1938：438.

[4] 井上三佐男．从体育制度的角度看明治和大正时期的学校体育：主要是男子中学的体育教育［J］．淑德大学研究纪要，1974（8）：64-84.

上述体操均以轻体操即普通体操为主。

1886（明治 19）年，小学引入“队列运动”，中学及其以上学校引入“兵式体操”，1888（明治 21）年，小学男生队列运动改为“兵式体操”[1]。依据 1886（明治 19）年《中学校令》，体操在中学成为必修。寻常中学 1~3 年级每周 3 小时普通体操，4~5 年级每周 5 小时兵式体操，高级中学 1~2 年级每周 3 小时兵式体操。

1900（明治 33）年 8 月，颁布《第三次小学校令》，体操在普通小学再次成为必修。普通小学体操科内容是游戏、普通体操，高等小学则是游戏、普通体操，男生加上兵式体操。1901（明治 34）年 3 月颁布的《中学校令施行规则》，规定普通和兵式体操各年级每周均为 3 小时。1913（大正 2）年颁布《学校体操教授要目》，将学校体操整理为体操、军事训练、游戏和武术四部分内容。其中，体操采用瑞典式；军事训练是依据《步兵操典》进行的准备、秩序、队列、兵式等系列动作；游戏是广义的，竞技和竞争游戏均包含在内，舞蹈等以行进为主的活动也在其中[2]。从兵式体操到军事训练，标志着学校军事训练程度的增强。

## （一）普通体操

1898（明治 31）年，为小学生编写的《改正小学体操法》依据的是当时流行的普通体操法。其内容包括[3]：（1）体操演习要目；（2）体操准备；（3）整容法；（4）呼吸运动；（5）身体矫正法；（6）徒手体操第一演习（附哑铃并用）；（7）同上，第二演习；（8）哑铃体操；（9）球竿体操；（10）柔软体操。

1901（明治 34）年 3 月颁布《中学校令施行规则》，规定普通体操包括矫正术、徒手体操、哑铃体操、球竿体操和棍棒体操。同年 4 月，《小学体操科课程及授课时间比例》规定，普通小学普通体操的内容是姿势调整、呼吸运动、身体矫正、徒手体操、哑铃。高等小学男、女生复习普通体操的同时，男生还学习哑铃和球竿体操，女生学习球竿体操、豆囊体操。

1906（明治 39）年，地方学务研究会依据同年的《普通教育体操游戏调查

---

[1] 伊崎晓生，松岛荣一．日本教育史年表［M］．东京：三省堂，1990：42.

[2] 大熊广明．日本学校体育的建立和改组中采用军事体操和训练方法的意义：以明治和大正时代为中心［J］．筑波大学体育科学系纪要，2001（24）：57-70.

[3] 鹿田熊八，寺本伊势松．改正小学体操法［M］．大阪：久荣堂，1898：7-8.

报告》编纂《改正普通体操一览》，其中普通体操的基本姿势有直立姿势、跪坐姿式、卧状姿势、坐状姿势、悬垂姿势。列举数所小学体操课上的体操个别演习与连续演习各6例，均包括寻常小学第3、4年级，高等小学第1~4年级。12例的演习顺序相同，均为运动准备、头及胸部运动、上肢运动、全身运动、肩及背部运动、腹部运动、腰部运动、全身运动、下肢运动、呼吸运动，各年级具体的姿势和运动各有不同。表2-2以寻常小学3年级体操课的个别演习为例[1]。

**表2-2 寻常小学3年级体操课个别演习**

| 序号 | 演习顺序 | 运动姿势 |
|---|---|---|
| | 运动准备 | 直立，足尖开闭 |
| 第一 | 头及胸部运动 | 直立，头部后屈 |
| 第二 | 上肢运动 | 直立，手叉腰 |
| 第三 | 全身运动（调和运动） | 下翼直立，举踵 |
| 第四 | 肩及背部运动 | 十字形直立，臂转向 |
| 第五 | 腹部运动 | 直立，上体后屈 |
| 第六 | 腰部运动 | 下翼直立，上体侧屈 |
| 第七 | 全身运动（跳跃运动） | 下翼直立，踏步 |
| 第八 | 下肢运动 | 下翼直立，半屈膝 |
| 第九 | 呼吸运动 | 直立，臂侧举 |

## （二）兵式体操

1896（明治29）年，参照当时陆军的步兵操典、体操、射击与剑术教范等，加藤广吉为小学男生编纂《国民体操法》[2]，又名《兵式体操法》，小学各学年各种体操安排如表2-3所示。

[1] 地方学务研究会．改正普通体操一览［M］．1906：13.
[2] 加藤广吉．国民体操法［M］．东京：森井爱之助，1896.

**表 2-3　小学各学年各种体操分配情况**

| 学年 | 内容 | | |
|---|---|---|---|
| | 体操之部 | 操练之部 | 游戏 |
| 寻常小学校第一学年 | | 徒手教练<br>原地姿势、转回、行进 | 游戏 |
| 寻常小学校第二学年 | 柔软体操第一部第一章<br>（原地演习） | 执铳教练（射击除外）<br>铳的操法、铳剑着脱、装填、弹药抽出、执铳行进、袭步 | 游戏 |
| 寻常小学校第三学年 | 柔软体操第二章、第三章第一教<br>（行动演习、执铳体操） | 执铳教练射击之部<br>伏射、膝射、立射 | 游戏 |
| 寻常小学校第四学年 | 柔软体操第三章第二、三教，第四章第一、二教<br>（执铳跳跃、射击姿势、单一突击、单一返突） | | |
| 高等小学校第一学年 | 柔软体操第三章第二、三教，第四章第一、二教<br>（执铳跳跃、射击姿势、单一突击、单一返突） | | |
| 高等小学校第二学年 | 柔软体操第四章（铳剑术）<br>第三教（单一佯突） | 小队教练 | 游戏 |
| 高等小学校第三学年 | 柔软体操第四章（铳剑术）<br>第四教<br>二次击拂及单一返突，器械体操基本演习 | 小队教练散开队次<br>中队教练 | 游戏 |
| 高等小学校第四学年 | 器械体操寻常应用演习 | 中队教练 | 游戏 |

可以在体操课后半段进行协同游戏，游戏中如需唱歌，以军歌为宜。

1901（明治 34）年 4 月《小学体操科课程及授课时间比例》规定，普通小学兵式体操包括各个教练、柔软体操、分队训练、小队训练、器械体操初步。1901（明治 34）年 3 月的《中学校令施行规则》规定，兵式体操包括柔软体操、器械体操、个人军事训练、小队军事训练及中队军事训练。

## （三）游戏

体操的每个动作都是在教师命令下进行，学生不能依照个人意志自由行动，而游戏“依照个人自由意志进行，能带来愉快体验，帮助发展个性与自治心，种类多范围广，极具训练价值，可培养协同一致、同情、友爱、忠实、重礼仪、守信义的习惯，培养勇气、忍耐、自信和高尚的竞争心，培养推理、判断、思考、想象、决断、观察、注意等能力”[1]。游戏具有多种价值，而且学生较有兴趣。

1881（明治14）年《小学教则纲领》提出，低年级教授“适宜的游戏”。中学体操课内容以普通体操、兵式体操为主，1902（明治35）年《中学教授重要科目》的“授课注意”指出，应留意学生体操课外的运动，提倡在体操课以外的时间开展游戏。

1905（明治38）年，矢岛钟二提出体操是在一定规则之下的整齐运动，不允许儿童自由发挥。游戏则相反，可以根据自己的意志进行动作，与体操相比，游戏的运动种类和变化非常多，可以补充体操之不足。“我国居民习惯坐居，妨害下肢发展，游戏对于下肢运动非常重要。向远处看，还可以预防学生近视。现在的普通体操缺乏腹部运动，而游戏可以补充此点，因此，体操科中游戏应和体操一起作为教学内容”[2]。

同年，文部省“体操游戏调查委员会”调查报告规定运动游戏的目的是满足儿童的活动冲动，通过自由和快感的运动达到体操科目的，特别是促进个性、自治心的发展[3]。规定学校应该教授的两类游戏，一类是体育课内应教授的，竞争游戏有拔河、毬送、足球、鬼遊，行进游戏有十字行进、踵趾行进、方舞，动作游戏有桃太郎、池之鲤，还可根据季节、当地的情况进行远足、游泳、划船；另一类是体育课外进行的游戏，认为应以团体游戏为主，竞争游戏有角力、徒步竞争、投球、台球、（踢）毽子、跳绳、模拟战争、鬼遊、高飞、跳远、棒球、长网球、击剑、柔道、弓术。

学校里进行的游戏也鼓励在校外进行，另外可依照地方、家庭情况开展乘马、风筝、登山等。有些游戏应予禁止，如有悖教育宗旨，有害风化、治安、卫生的，类似于赌博的、有危险的、残忍的、诱发不健康思想的[4]。

“体操游戏调查委员会”报告中还指出：目前实际上将游戏作为体操内容教授的只有小学和女子学校，中学及男子师范学校目前还没规定教授游戏课，希望

[1] 小林矶治．最新学校体操之理论及体操游戏教授细目［M］．东京：平本健康堂，1910：20.

[2] 矢岛钟二．最新行进法［M］．东京：英文馆，1905：5-6.

[3] 文部省．普通教育体操游戏调查报告书［R］．1905：23.

[4] 文部省．普通教育体操游戏调查报告书［R］．1905：23-25.

能将三分之一的时间分配给游戏。

### （四）瑞典体操

18 世纪末至 19 世纪初，在瑞典流行重视人体生命活力的体操流派——瑞典体操，其动作舒缓优美，富有艺术性，以解剖学、生理学原理指导体操练习，更加科学合理，器械更加丰富多样。虽然也带有一定军事色彩，但更重视发展和完善人体自身，更注重人体健美及其均衡发展，因而在 19 世纪后半期传遍欧美各国，对世界近代体育产生了较大影响[1]。

明治时代的日本学校体育工作者认为瑞典式体操的长处有：以物理学及解剖学为基础，对整个身体都有显著影响，不是单独考虑某项运动的生理结果，而是考虑各项运动之间的相互关联和影响；从相对简单的运动，逐渐到复杂、剧烈的运动，再到简单的运动，各项运动依次为下一项运动做准备；动作舒缓，可以长时间持续；全身进行均衡运动，实现均齐发展；动作富于变化，有的活泼需要较多体力，有的舒缓不需要太多体力；随着时间长短增减各项运动的次数，在一定时间内使全身都得到运动，该体操与其他不规则的体操相比，在同一时间内受教育者受益更多[2]。

### （五）武术[3]

日本传统武术进入学校体育课程，经历了较长、较曲折的过程。当时的武术以剑术和柔术最为突出[4]。1880（明治 13）年的元老院会议、1883（明治 16）年的体操传习所调查、1896（明治 29）年的学校卫生顾问会议，都否决了武术作为学校正课的提议，始终将武术作为课外运动。甲午战争、日俄战争结束后，社会对武术的关注以及将武术作为学校正课的呼声越发高涨。

1898（明治 31）年，文部省发出通知“禁止在师范学校及普通中学开设剑术和柔术”，可以将其作为学生游戏，但不能作为必修课和课外活动。1905（明治 38）年 2 月，第 21 次议会上出现《关于体育的建议案》：“政府应在中等学校以上的各学校中增加剑术和柔术作为体育正课，并且在中学一年级到三年级的体

[1] 谭华．体育史［M］．北京：高等教育出版社，2009.
[2] 小林矾治．最新学校体操之理论及体操游戏教授细目［M］．东京：平本健康堂，1910：27-29.
[3] 此处称武术，是参照今村嘉雄《日本体育史》的说法。
[4] 此处称剑术和柔术，是参照今村嘉雄《日本体育史》的说法。

育课中，按照体操的形式练习剑术、柔术等，四年级以上教授其技术。”该议案以微小差距被否决。

到1911（明治44）年7月，文部省依据修改的《中学校令实施规则》、同月制定的《高等中学校规定》，第一次将剑术和柔术加进体操课程内。

## 三、体操教学方法与原则、策略

### （一）体操教学方法

明治时期，普通体操和兵式体操均是在教师统一号令下整齐划一地进行，如1905（明治38）年矢岛钟二所说：“学校普通体操就是数量很多的儿童在教师统一号令下同时运动。”[1] 再如，“中学体育的主要科目普通体操和兵式体操其教学过程是由教师反复示范和学生反复模仿来完成的”[2]。教学过程采用注入式教学方法，较为重视教师的主导作用，重视教师示范、学生反复的身体练习和纠错环节。常用方法主要是讲解、示范、重复练习、纠错与帮助法。

1890（明治23）年《生徒必携改正普通兵式体操教范柔软之部》提出，教师要为学生做示范，熟悉动作要领，动作要正确、规范[3]。1902（明治35）年2月，文部省首次公布的《中学教授要目》提出，教授体操之前先说明想要运动的肌肉，然后演示让学生模仿以规范其动作。刚开始教授体操时要高度注意矫正学生动作，不得放宽标准[4]。1905（明治38）年，文部省《普通教育体操游戏调查报告书》中提出体操教学注意事项：“开始教授运动时，要简明说明要点，正确示范让学生模仿，进行精细的指导、矫正；教授体操时要特别注意矫正姿势，且教授时要保持正确姿势。”[5]

### （二）体操教学原则与策略

明治时期日本的体育教师已意识到体育教学中有诸多事项值得注意，并在教

[1] 矢岛钟二．最新行进法［M］．东京：英文馆，1905：1-2.
[2] 井上三佐男．从体育制度的角度看明治和大正时期的学校体育：主要是男子中学的体育教育［J］．淑德大学研究纪要，1974（8）：64-84.
[3] 石田斯文．生徒必携改正普通兵式体操教范柔软之部［M］．东京：品川千代夫，1890：5.
[4] 井上三佐男．从体育制度的角度看明治和大正时期的学校体育：主要是男子中学的体育教育［J］．淑德大学研究纪要，1974（8）：64-84.
[5] 文部省．普通教育体操游戏调查报告书［R］．1905：28-32.

科书中加以总结归纳，一般冠以“教授注意事项”的名目。这些注意事项涉及课堂教学诸多方面，如教授方法、教学原则、教学策略、教师修养、激发学生学习兴趣、运动卫生、环境卫生、运动着装、课堂纪律等方面，虽然认识还较为粗浅，但已经具备一定科学性，这些教授注意事项在某种程度上体现着其体育教学研究的水平。

明治时期体操教学一般都是在教师统一号令下进行，难免机械、枯燥，因此有些体育教科书提出应关注学生体育兴趣及情感体验，避免学习倦怠。如 1890（明治 23）年《生徒必携改正普通兵式体操教范柔软之部》提出，教师的讲解和号令要简单、明确、活泼，勿使学生产生倦怠。要注意变换运动种类，因为体操较为单调，要避免学生倦怠就应注意变换内容[1]。1901（明治 34）年，针对有些女生嫌恶体操的状况，有人“利用女子嗜好，采用音乐编制体操游戏，使其在愉快的唱歌中，不知不觉达到体操科目的”[2]。注意到女生的特殊嗜好是因材施教原则的一种体现。

1902（明治 35）年 2 月，文部省首次公布《中学教授要目》，除一些教学方法外，较为系统、全面地对教授中的注意事项进行了明确规定，其中体现了适宜运动负荷和循序渐进的原则，另外还有场地卫生等[3]。具体内容有：

（1）在体操教授之前，先说明想要运动的肌肉，然后演示让学生模仿以规范其动作。

（2）刚开始教授体操时，要高度注意矫正学生动作，不得放宽动作标准。

（3）教授体操时要注意学生体力，勿使其过度运动。特别要留意身体虚弱的学生，不能刚开始就教授其强度太大的体操，要循序渐进地增加运动量，直至其能够负荷相应运动量。

（4）已教授的体操要求反复练习使之熟练，不应长时间只进行单一的某种训练。

（5）应避免在充满尘埃或酷暑之时在阳光直射的场所进行体操运动。

（6）将器械体操分为普通演习和应用演习，对于有进步的学生可给予其上特别演习课的机会。

（7）在规定教授体操的时间里，要求说明体操的练习方法，不得进行与体

[1] 石田斯文．生徒必携改正普通兵式体操教范柔软之部［M］．东京：品川千代夫，1890：2-3.

[2] 筵井千代一．校庭游戏［M］．东京：国立国会图书馆，1901：32.

[3] 井上三佐男．从体育制度的角度看明治和大正时期的学校体育：主要是男子中学的体育教育［J］．淑德大学研究纪要，1974（8）：64-84.

操无关的讲话，另外要求教授军事学概要。

（8）应用哑铃的运动并不是要增强学生的敏捷性，而棍棒体操则与之相反，若要求动作徐缓、用力较多就会失去其本来目的。

（9）器械体操场地要保持沙土柔软。

（10）应经常教育学生对体操器械进行整理、保存。

（11）在教授体操时间之外，要常常注意学生的动作姿势或教授其各种适宜的游戏以作奖励。

（12）教授器具应依照以下列表：哑铃、球竿、棍棒、枪及其附属品、军刀及其附属品、背囊、喇叭、枪的分解品、箭、铁棒、木马、棚、手折、跳绳、跳台、梁木。

同年文部省的《普通教育体操游戏调查报告书》提出的注意事项也相当全面，同样注意到学生的学习兴趣、运动卫生和女生特殊之处，并且进一步提出了体操服装、空气流通等问题，甚至提出使学生养成“终身运动”的习惯，可谓空前科学且完备。提出的体操教授注意事项包括：

教授顺序方法不能错，要注意生理和训练两方面目的，不能徒有形式；按照基本形式进行的演习种类不少，既要使学生熟练掌握，又要做到不能单调无味；既要变换种类，又要使学生掌握娴熟技术。开始教授运动时，对要点要简单说明，正确示范，让学生模仿，进行细致的指导、纠正；教授体操时，要特别注意矫正姿势，教授时要保持正确姿势；教授体操时要照顾到学生的心身状态，斟酌各种运动的配合、种类、难易、时间，勿使学生反复做同一动作；避免做过度、过于剧烈的运动；体操与游戏各有教育价值，相依相助，共同达到体操科目的，学生往往喜欢游戏，讨厌体操，要注意此点；体操游戏在饭前饭后一小时以上进行，饭后三十分钟内要保持安静。下课时间结束后，让儿童进入教室，先做数次呼吸运动镇静心身；运动在人生中一日不可或缺，不能只在上学时运动，要养成终身运动的习惯；做体操时穿西服或筒袖；女生体操由女教师进行教授；注意体操教室保持清洁，没有灰尘。体操教室上课前开窗户使空气充分流通。体操科器具器械要保持清洁，取用保存需小心认真[1]。

该报告还提出教授运动游戏的注意事项：学校应当预先订好学年教授细目；运动游戏要适合学生身心状态，同时注意其教育价值，不能只是按照学生嗜好，

[1] 文部省．普通教育体操游戏调查报告书［R］．1905：28-32.

徒具新奇，养成浅薄风气；不管何种游戏，不能只是满足于游戏而荒疏学业；游戏时注意动作、仪容，不要卑劣轻浮[1]。

通过上述分析可见，明治日本对教学原则、方法、策略、教师职业素养、运动卫生等方面有初步认识，体育教学体现出一定的科学性，这与文明开化中引进欧美体育理论和教育理论有关。重视教师动作示范，重视技术矫正，关注运动卫生和运动环境的清洁，注意女生的特殊心理特点。尤其是比较重视学生的学习兴趣，关注学生在体育教学中的心理感受和情感体验，提出了一些避免学生倦怠的注意事项，如变化教学内容，不让学生反复做同一动作等，甚至还提出为终身运动打下基础。这些认识虽然只是对体育教学的方法、原则等进行的初步探讨，尚未形成完善体系，但这是一个良好的开端。

## 第三节　明治时期的课外体育活动与运动竞赛

明治时期的课外体育活动，依据开展场所主要分为校内和校外进行的体育活动两类。校内活动包括学生自发的活动、"校友会"负责组织的各运动俱乐部活动，以及校内运动竞赛；校外活动有游泳、登山、滑冰，特色的"行军""奖励会""运动会"，以及校际竞赛等。运动项目既有日本传统的弓术、剑道，也有来自西方的各项球类运动。

### 一、课外体育活动概况

明治时期体操课程的主要内容是普通体操和兵式体操，明治中期以后加入游戏。课外活动中也开展体操，还有西方传入的各种运动项目。如体操传习所在体操课之外，开展足球、板球、投环、循环球、棒球、滚轮等西方体育项目。文部省此时对课外体育活动尚无统一规定。

明治时期对课外体育活动的明文规定，始自1891（明治24）年的《小学校教则大纲》，"在体操教授时间之外进行适宜的户外运动，夏季可以游泳"。不同学校的具体内容会有差异，长野县师范学校在上述规定颁布后，于1892（明治25）年，开始在课间练习各种西式运动及日本传统武术，其中器械体操、网球、

[1] 文部省．普通教育体操游戏调查报告书［R］. 1905：33-34.

弓术、击剑开展最为活跃[1]。1897（明治30）年，长野县巡场中学和寻常师范学校均创设“野球部”，推动棒球运动开展。师范生到小学工作后，开始指导小学棒球并进行校际比赛。该校盛行的项目还有1892（明治25）年从高等师范学校引入的网球（软式庭球）。到了1897（明治30）年前后，滑冰成为长野县学校体育的内容，长野县气候寒冷，冬季适合开展滑冰、滑雪等项目[2]。

1904—1905（明治37—38）年以后，登山的教育和体育价值得到认可，学校开始组织学生登山[3]。游泳也是作为岛国的日本经常开展的体育活动之一，滋贺县的彦根寻常高等小学就利用课外时间在琵琶湖岸指导学生游泳。从1900（明治33）年开始，8月1日—9月1日部分高等科学生开始学习游泳，以后每年持续进行，该校游泳合格毕业人数呈逐年增加之势[4]。从1904（明治37）年开始教授女生游泳。

## 二、军事色彩的“行军”

日本在寺小屋时代就有“看花、游山、初次参拜”等包含身体活动的课外活动形式，江户时代的藩校有类似于远足性质的“观花”“游河”“散步”“登山”“游览”等活动。1872（明治5）年《学制》颁布后，随着近代学校教育制度的完善，远足的形式逐渐发生变化。

1877（明治10）年前后，学校徒步旅行称为“远足”，如东京大学组织“远足会”，体操传习所在1881（明治14）年、1882（明治15）年，也组织兼有运动会形式的远足活动，1881（明治14）年加贺市锦域小学学生集体到石动山运动。这些小学远足的记载从全国来看都是比较早的[5]。

在1885（明治18）年前后，远足的内容从较单纯的徒步旅行或游玩、放松

[1] 小口正行．明治时期长野县的学校体育（第8报）：关于课外活动［J］．日本体育学会大会号，1979（30）：96.

[2] 小口正行．明治时期长野县的学校体育（第8报）：关于课外活动［J］．日本体育学会大会号，1979（30）：96.

[3] 桥本勋，梅田利兵卫，长谷川纯三．明治、大正时期学校登山运动的研究［J］．体育学研究，1967，11（5）：25.

[4] 成宫宏俊，木村吉次．明治时期彦根普通高等小学的游泳教学［J］．日本体育协会代表大会168号，1995（46）.

[5] 古城建一，梅田利兵卫，山田诚．学校户外教育的历史研究：主要以明治时期的远足为中心［J］．体育学研究，1971，15（5）：17.

性质的活动，逐渐加入军事因素形成军事特色的“行军”，也有的加入其他修学因素成为“修学旅行”。“行军”是在校外徒步远行时加入较多军事要素，是活用并实践队列运动、兵式体操的一种形式。修学旅行就是远足时把身体锻炼和知识的实践、观察事物结合在一起。

上述变化与森有礼“教室外教育”思想有关。1885（明治 18）年 10 月，森有礼在新泻县立中学明训学校开学典礼上指出，教育可分为“教室外教育”和“教室内教育”两种，其中“教室外教育”占人生教育的十分之六，森有礼提出的“教室外教育”思想使学校开始关注学生身心健康和思想道德的形成，具有一定的开创性。在其思想推动下，小学纷纷开展课外教育活动，开始兴起远足、运动会、展览会、修学旅行等活动[1]。

另外，1883（明治 16）年 12 月征兵令改正后，要求师范学校、府县立中学加入步兵操练课。1886（明治 19）年《学校令》以后，在富国强兵的强烈追求中，在国家主义教育体制确立的前提下，也是在森有礼的极力主张下，兵式体操进入学校体育课，成为主要内容之一，行军在学校中兴起，与兵式体操的兴盛一致[2]，是作为国家主义教育的推进手段实施的[3]。1885（明治 18）年开始，师范学校、中学实施同步兵操练相结合的远足，并且出现了以“行军演习”为基础的“长途行军”“长途演习”“修学旅行”等形态。石川县寻常师范学校，“为了兵式体操，每年于 4 月及 8 月进行两次长途行军”，男生行军要住一夜，并进行兵式发火演习。行军装备及行军方法全部采用军队步兵操练的方式[4]，从明治 20 年代到 30 年代，远足在日本全国作为学校仪式活动获得了一定地位[5]。

1886（明治 19）年 5 月，文部省《小学校学科及其程度》规定兵式体操作为男子体操科教材，因此该时期小学校的远足也加入了行军因素，主要是模仿中

---

[1] 刘山．日本近代普及义务教育研究［D］．保定：河北大学，2010.

[2] 守田显三．明治时期石川县学校体育的发展：小学的远足和修学旅行（1）［J］．石川县农业短期大学研究报告，1983（13）：32-41.

[3] 守田显三．明治时期石川县学校体育的发展：小学的远足和修学旅行（1）［J］．石川县农业短期大学研究报告，1983（13）：32-41.

[4] 守田显三．明治时期石川县学校体育的发展：小学的远足和修学旅行（1）［J］．石川县农业短期大学研究报告，1983（13）：32-41.

[5] 古城建一，梅田利兵卫，山田诚．学校户外教育的历史研究：主要以明治时期的远足为中心［J］．体育学研究，1971，15（5）：17.

学和师范学校的“行军”[1]。很多学校都把行军和小型校外运动会结合，学生们排着队到山川、田野、海边、公园等地，做一些简单的游戏和体操。如山代小学到太平山举办运动会，先是威风凛凛的行军（往返10~20公里），举着旗帜，吹着喇叭，唱着军歌到达太平山，在那里进行体操和取旗竞争游戏，下午五时宣告闭会，学生又吹喇叭唱军歌返回[2]。小学还出现了一些和学术研究、参观游览相结合的远足形式。

## 三、运动会的发展

日本的运动会最早可以追溯到1874（明治7）年海军兵学寮举行的“竞斗会”，1877（明治10）年札幌农学校举行第一次游戏会，1887（明治20）年前后日本在全国各地开展运动会。[3]

如1885（明治18）年，大阪中学在大分分校召开运动会。从1886（明治19）年开始，石川县小学运动会普及开来，1887（明治20）年，石川县师范学校、附属小学及其他三校的运动会参加人数达到3500名，1888（明治21）年达到5351名。1886（明治19）年以来，兵库县丰冈小学到校外的神社、寺庙、海岸、山区等举办运动会，进行简单的游戏、体操等，当时的城市小学长期采用这种方式。这种方式的运动会在该校日志中被记载为行军或者运动会、远足、远足运动会。

该校在校内举行运动会是1890（明治23）年以后，主要是作为祝祭日活动的一部分，这种运动会对于联结学校和地方社会起到了重要作用。东京府师范学校学生以及附属小学于1886（明治19）年12月在上野公园召开“运动会”，1888（明治21）年在日比谷练兵场召开了府下小学联合运动会。1888（明治21）年10月，神奈川师范学校在税关山运动场召开运动会[4]。日本学者认为，运动会在各地方普及主要得益于传习所毕业生到各地供职，因此将传习所的运动会加

---

[1] 守田显三．明治时期石川县学校体育的发展：小学的远足和修学旅行（1）[J]．石川县农业短期大学研究报告，1983（13）：32-41.

[2] 石川县学务课．石川县学事报告［R］．金泽：石川县学务课，1886（20）：37.

[3] 能势修一．明治体育史的研究：以体操传习所为中心［M］．第2版．东京：逍遥书院，1971：200.

[4] 大久保英哲．写在学生作文中的明治30年代的学校运动会：从明治时期金泽市小学生作文来看［J］．日本体育学会大会论文集，2005（56）：166.

以推广[1]。

这些运动会有的是每年一次，有的是春、秋季各一次，有的是每月一次，其中小学约占总体的 60%，举办次数最多，小学与师范共同举办的占 12%，其中多所学校联合举办运动会占 80%。与他校竞赛利于增进交流，促进本校体育运动开展，利于在社会中宣传近代体育，对地方政府、群众都是一种体育宣传。

运动会上出现的项目多达 53 种，1886（明治 19）年 11 月第一次举办的“鸿城运动会”项目最多，共设 19 个。体操为哑铃和徒手体操，游戏、竞技多为拾旗赛跑、拔河、足球，当时有一个宽阔的运动场很不容易，而足球比赛需要更大的场地。取旗、拔河在当时很受欢迎，1888（明治 21）年爱知县北设乐郡与第二寻常小学联合举办的运动会主要项目就是足球、拔河、取旗等。1888（明治 21）年以后运动会急速隆盛，日本学者认为原因是学校制度的完善、教师对体育的重视以及体操传习所毕业生的热心指导[2]。

总之，运动会从明治 20 年代始，到大正、昭和时代逐渐在全国盛行。尽管大正时代仍然进行联合运动会，但在城市里，由于学生数量激增，寻找适合进行联合运动会的场所比较困难，于是逐渐变成以学校单独举办为主。

到明治末期，有一些报社和企业为自身的宣传和销售，积极举办全国性体育比赛，推动体育发展。如《大阪日报》举办学生角力大会，《大阪新报》举办学生游泳比赛，《大阪朝报》举办了 4 次全国自行车比赛。

运动会的举办，促使学生家长对体育的理解进一步加深了，在一定程度上改变了家长对学生服装的认识。家长在运动会上亲眼看到传统服饰长长的下摆和袖子在运动中很不方便，深切感受到改变服装的重要性，于是“学校未要求换服装，学生的西装却在不断增加”，这也利于促进人们改变日常着装习惯。但是随着运动会的壮大，运动会举办过程中也出现了一些弊端。如广岛县中学毕业生说，“那时的运动会很倾向于浮华，甚陷余兴，娱乐过甚，陷于轻薄，认为应当严肃公正为好……”[3] 另外，学校教师也指出了运动会的弊端，如规模过大、错误地选择运动竞技项目、缺乏训练等。

渡边融指出，体育和竞技运动在学校范围内得以实施的原因是“由于人们热

[1] 能势修一．明治体育史的研究：以体操传习所为中心［M］．第 2 版．东京：逍遥书院，1971：4.

[2] 平野稔．明治时期大分县的体育史研究：关于运动会［J］．体育学研究，1971，15（5）：17.

[3] 大久保英哲．写在学生作文中的明治 30 年代的学校运动会：从明治时期金泽市小学生作文来看［J］．日本体育学会大会论文集，2005（56）：166.

衷于争胜负，因而校际比赛深受欢迎，由于当时的在校学生大多出身于士族，从他们当中推选出来代表学校参赛的选手便成了捍卫学校荣誉的战士。其他学生也认为比赛胜负直接关系到学校和个人荣辱，便组成啦啦队声援比赛。但造成的结果是啦啦队之间经常发生冲突，甚至不得不终止比赛，而锦标主义的风习则愈演愈烈，鼓励选手们为了获胜拼命练习的竞赛制度也建立起来了。”[1]

文部省1905（明治38）年的《普通教育体操游戏调查报告书》中关于运动会有如下规定：学校应在春秋二季适宜之日于校内或校外开全校学生运动会；运动会展示学生平时的运动成绩，以鼓励体育发展为目的，禁止奢侈的衣服、饮食、装饰等；运动项目应以平素经过练习的团体项目为主，应根据学生的身体状况斟酌选择适当的运动项目；竞争过于激烈的项目对身心有危害；选择选手时，不能仅以技术优秀为唯一条件，应结合体格、操行等斟酌决定；运动会无论在校内还是在校外，都要严正秩序[2]。但是到了1908（明治41）年，体育界仍有人指出，最近运动会的一大弊端就是时间拖沓，比赛的准备不充分，会场装饰过于浮华，不够简朴。

## 四、学校体育社团的出现

由于户外运动和竞技运动的发展，从19世纪90年代起，各学校纷纷创办体育社团并组织运动竞赛，到19世纪末，几乎所有的男生学校都组织了运动俱乐部，校际比赛日渐频繁。

### （一）师范学校的体育社团

明治20年代，大学出现了自发组织的“运动会”（即体育俱乐部，体育组织）。如东京帝国大学于1886（明治19）年3月成立后，本校一些职工出于锻炼身心、和睦关系的目的组织成立了“运动会”，每年召开一次各种运动项目的大演习会，日常也进行各种游戏。1898（明治31）年发展为“社团法人东京帝国大学运动会”，目的为依靠各种运动强壮愉悦会员身心，谋求运动方法之进步。设有漕艇部、田径运动部、球戏、游泳、柔道、击剑、弓术部7部，既有日本传统的柔道、击剑、弓术、游泳，又有球类和田径等。

---

[1] 大熊广明．学者笔下的日本近代体育史［J］．成都体育学院学报，2000（1）：10-13.

[2] 文部省．普通教育体操游戏调查报告书［R］．1905：39-40.

东京高等师范学校于1896（明治29）年9月设立“运动会”，包括柔道、剑道、铳枪、弓道、器械体操、庭球、棒球、蹴球、自行车等，以后改为“校友会”。1898（明治31）年东京府师范学校开设体育会，以强壮身体、养成士气为目的，分为柔术、剑术、长网球、器械体操4部，1902（明治35）年，又增加漕艇、棒球。

据1886（明治19）年《师范学校令》“一县一校”之规定，日本明治时期先后设立师范学校47所，其中设有“校友会”的至少有39所，大部分是具备辩论部、文艺部、运动和武道部的典型“校友会”，只有极少数是运动、武道的单一组织[1]（表2-4）。

**表2-4 22所师范学校校友会开设的运动项目种类**

| 项目 | 学校数 | 项目 | 学校数 |
|---|---|---|---|
| 击剑 | 19 | 探险远足 | 4 |
| 柔术 | 12 | 器械体操 | 2 |
| 弓术 | 4 | 游戏（技） | 2 |
| 相扑 | 3 | 运动游戏 | 2 |
| 武艺（术） | 2 | 杂技 | 2 |
| 棒球 | 16 | 射击 | 1 |
| 网球 | 14 | 徒步 | 1 |
| 漕艇 | 9 | 竞技 | 1 |
| 蹴球 | 4 | 游泳 | 1 |
| 铳枪 | 4 | 运动会 | 17 |

## （二）中学的体育社团

史料关于中学校友会有一些零星记载。如大分县中学，明治20年代的体育以兵式体操为中心，行军和狩猎是学生唯一的乐趣。1888（明治21）年运动会后，学生的自主课外活动活跃起来，学友会、语学会、扬武会、球会等陆续出现。1892（明治25）年，设立“硕田交友会”联络毕业生和在校生。1897（明

[1] 渡边融．明治时代师范学校的体育运动［J］．日本体育学会大会号，1982（33）：106.

治30）年，设立理事、会计、杂志、演讲、武术、运动6部，武术部包括柔道、击剑，运动部是竞技、棒球、蹴球、庭球、小艇。

1898（明治31）年，杵筑中学设击剑、柔道、游戏3部。1901（明治34）年改为运动、击剑、柔道、漕艇、谈话5部。臼杵中学校友会分学艺、体育、庶务会计三部分，体育部有击剑、柔术、漕艇、棒球、庭球；1900（明治33）年，大分县结成“公勇会”以组织县立学校校际竞技，有徒竞走、击剑、柔术、器械体操四种，7所学校派选手参加，参观者8000人，可谓规模盛大[1]。

在广岛县中学里，1897（明治30）年以后很多学校都由校方发起设立“校友会”，各校目的虽有差异，但在锻炼身心、促进校风方面存在相似之处。忠海中学校长曾言：“校友会是智德体三育的辅助部门。”运动部在校友会经费预算中占据较高比例，1901（明治34）年、1906（明治39）年、1911（明治44）年分别占到总支出的59.8%、31.0%、47.5%，运动部中漕艇比例较高，这种情况在其他学校也大体如此[2]。

1889（明治22）年、1890（明治23）年左右，广岛中学有了“棒球会”，此后组织开展棒球的校际比赛。柔道、剑道部的成立在中学与其他有所不同。1894（明治27）年文部省《寻常中学校的学科及其程度》减少了体操时间，其理由是现在各学校在课外采用各种随意的体操法，可以减少体操正课时间。在这些课外随意的体操法中，柔道和剑道是很受重视的，这是明治后半期的普遍情况。广岛县的中学从30年代开始，校友会的主要活动就是组织运动会。

## 第四节　明治时期的体育专业教育与师资培养

德国著名哲学家雅斯贝尔斯说过，“一个民族如何培养教师、尊重教师，以及在何种氛围下按照何种价值标准和自明性生活，这些决定了一个民族的命运”[3]。日本进入近代社会以来，为了民族强盛、社会发展而高度重视教育，把师范教育发展作为促进教育发展的一项重要举措。

19世纪前期体操风行的时代，丹麦、瑞典、法国、德国、俄罗斯和美国，

---

[1] 平野稔．明治时期大分县的体育史研究——中学体育［J］．大分大学经济论文集，1974，26（4）：61-97.

[2] 鹤岗英一．明治时期广岛县中学的校友体育俱乐部［J］．体育学研究，1973，18（1）：9-22.

[3] 雅斯贝尔斯．什么是教育［M］．邹进，译．北京：三联书店，1991：54.

为培养体育教师先后开办了体育师范学校、军事体操学校或体操学校。各国学制差异较大，培养方式不尽相同，包括 1～4 年的训练班或短期训练班，课程设置也有诸多差异。美国开始解决体育师资问题较早，课程设置较为全面，于是美国就成了日本在师范学校设置方面积极效仿的对象[1]。

## 一、《学制》颁布后

《学制》颁布前，日本没有专门的教师培养机构，只有昌平坂学问所为藩校培养过一些教师。1872（明治 5）年 5 月，文部省《小学教员教导场的建立》中提出培养小学教师是当务之急，应模仿美国师范学校模式建立日本的师范学校。1872（明治 5）年 5 月，设立了日本近代教育史上第一所师范学校——东京师范学校，从美国聘请斯克特（M. M. Scote）为教师。《学制》颁布后，明治政府向府县下发《学制》实施工作程序，把“迅速兴办师范学校”列为第二，仅次于“大力发展小学校”，提出建立师范学校培养教师，是“当前第一要务中的要务”[2]。1874（明治 7）年 3 月，文部省在东京创办东京女子师范学校。至此，官立师范学校达到 8 所。到 1876（明治 9）年，日本所有府县均设置教师培养机构。1876（明治 9）年 4 月，日本修改《征兵令》，规定公立师范学校毕业生同官立师范学校毕业生一样，可免除兵役。1876 年，文部省统一规定各府县教师培养机构修业年限均为 2 年。

《学制》颁布后，文部省虽然规定小学设体操课，但由于当时的学校存在偏向智育的倾向，实际开设体操课的学校较少，没有正式的体育教师培养制度，体育教师数量也不足。

## 二、体操传习所时期

体操传习所（1878—1886 年）的设立在很大程度上改变了这一状况。这是日本体育史上首次专门设立体育师资培养机构和体育研究机构，在诸学科中也是最早设立的专门师资培养机构。“文部省为了振兴体操科目，开设特殊的教师养

[1] 谭华．体育史［M］．北京：高等教育出版社，2009：137.
[2] 国立教育研究所．日本近代教育百年史：第 3 卷［M］．东京：文唱堂，1974：483.

成所即传习所，这被认为是一个个例”[1]。短短9年，传习所对日本近代学校体育的创立发挥了极为重要的作用。

1881（明治14）年，由于政府财政窘迫，文部省经费减少，体操传习所的主要目的变为“培养简易速成的体操传习员”。以前培养侧重“质”，即培养高素质的体操教师，现在则转向了重视“量”。

文部省于1881（明治14）年11月下达《府县立学校兵式体操教员养成之件》[2]，要求从1886（明治19）年起招收“离开服役一年内的陆军步兵下士或陆军步兵上等兵”[3] 进入高等师范学校开设的“体操专修所”，为各府县的学校培养兵式体操和普通体操教师。此后东京高等师范学校停止招收体操教师，体操传习所也被废除。“兵式体操让体操教师必须具备准军人的条件，这意味着学校体育的军队化”[4]。

## 三、1886年《学校令》以后

随着1886（明治19）年系列《学校令》颁布，体操科作为学校必修课获得了重要的制度保障。但是“从中学、师范学校的体操教师养成来看，《学校令》确立后，在体操传习所、体操专修科的体操教师培养计划被停止。从1887（明治20）年7月高等师范体操专修科中止以后，到1899（明治32）年，基本没有正规的体操教师培养机构。除了退伍下级军官的检定制度能提供部分体操教师之外，没有其他的体操教师培养途径，普通体操教师补充也遭遇困难”。作为权宜之计，有时会以巡回讲习或短期讲习等形式作为补充。直到甲午战争以后，中等学校大量增加，培养中等学校、师范学校男女体操教师成为当务之急，此后体操教师培养机构才不断涌现。日本学者认为“与法规上鼓励学校体育相反，文部当局对培养体育科教师的态度是非常消极的”[5]。

为何《学校令》颁布以后体育课成为必修，其地位更加有保障，而师资培

---

[1] 能势修一．明治体育史的研究：以体操传习所为中心［M］．第2版．东京：逍遥书院，1971：4.
竹之下休藏，岸野雄三．近代日本学校体育史［M］．东京：日本图书中心，1973.

[2] 教育史编纂会．明治以后教育制度发展史：第2卷［M］．东京：龙吟社，1938：462.

[3] 体操传习所．体操传习所第14年报［N］．文部科学省，1886：5.

[4] 水田嘉美，小村渡岐磨，古谷嘉邦，等．从体育政策的角度看体育教师的形象的研究［J］．东海大学纪要体育系，1977（7）：45-54.

[5] 本多雄治．清末民初日本武文化对中国影响［D］．广州：暨南大学，2006.

养却出现这种状况？而且 1886（明治 19）年 4 月，随着森有礼《师范学校令》的出台，日本更加重视师范教育，这与体操教师没有专门培养机构看起来十分矛盾。1897（明治 30）年 10 月，又颁布《师范教育令》，从《师范学校令》到《师范教育令》，师范学校快速发展，教师培养体系日益完善。为何师范教育大发展，专门的体操教师培养场所却没有了？

这与 1886（明治 19）年以后国家主义教育体制确立，极大重视兵式体操有关。在体操传习所设立之前，日本学校“不分男女都练习剧烈的兵式体操”。传习所成立后，美国人李兰多强烈反对学生从事兵式体操，大力教授普通体操。但是，随着日本军国主义思想抬头，森有礼大力提倡，兵式体操越发受到日本统治者青睐。

1879（明治 12）年 10 月，日本《征兵令》修改，创设一年志愿兵制度，经陆军考试委员会考试合格的毕业生可适用该制度，这就要求学生在校期间必须学习陆军的知识技能。同月，时任日本中央卫生会会长的森有礼提出“最好将强制体操导入军队式，并推广之”[1]，以学校体操作为增强军事力量的工具。在军国主义思想逐步盛行的时代中，军人可以通过检定制度成为学校体操教师，于是体操传习所就被废止了。

## 四、日本体育会体操学校

1893（明治 26）年，日本体育会体操学校创办，这是一个重要的私立体育师资培养机构。日本体育会是 1891（明治 24）年由退役下士官高藤吉郎创办的当时唯一的体育团体，由民间团体急速发展为准政府机关的公共团体，20 世纪初对日本体育发挥了重要指导作用[2]。

1893（明治 26）年 3 月，体育会创设体操练习所，这是日本创办最早的私立体育教师培养机构，在官办学校中止后进行体操教师培养，1898（明治 31）年接受国家经费资助代行国家事务，1900（明治 33）年 5 月改成体操学校，为本校高等本科毕业生授予中学校、师范学校、高等女学校教师资格。1903（明治 36）年 4 月，又设立女子部为各女子学校培养体操教师[3]。

---

[1] 大久保利谦．森有礼全集：第 1 卷 [M]．东京：宣文堂书店，1952：328-329.
[2] 木下秀明．明治后期日本体育协会的事业 [J]．体育学研究，1973，17（6）：357-366.
[3] 小林矶治．最新学校体操之理论及体操游戏教授细目 [M]．东京：平本健康堂，1910：24-26.

1899（明治32）年，东京高等师范学校再次设体操专修科，修业年限1年10个月。1899（明治32）年4月，日本规定公私立学校、外国大学毕业生获得教师资格的办法，允许公私立学校毕业生免试通过审定成为中等学校教师。1900（明治33）年修改的《小学校令》规定，成为小学教师者应获得资格证。1900（明治33）年，公布《教员免许令》（教员许可证令），规定文部大臣向以培养教师为目的的官立学校毕业生及通过教师审定者授予合格证，确立了战前教师资格证统一制度。同年6月颁布《关于教员检定之规定》，体操教师可分为普通体操、兵式体操两种。陆军步兵科士官、原陆军教导团步兵科出身、现役陆军步兵下士官任官后满4年以上、私立日本体育会体操学校本科优等生可以接受体操科免试审定，这样“正规的教师培养弱化了，从陆军士官和下士官招募教师，成为妨碍体育进步发展的要因”[1]。

实际上在明治后期，随着小学、中学、高等女子学校的发展，教师需求增加，要求增加体育教师的数量并提高其素质，但是由于军事因素的影响，反而弱化了对正规教师的培养。

## 五、日俄战后的体育师资

日俄战后体操师资培养机构数量极少，1906（明治39）年，东京高等师范学校仅设置“文科兼修体操科”。随着日本在甲午战争、日俄战争中相继获胜，民族意识不断高涨，国民的富国强兵意识不断增强，教育界的军国主义风潮也在激化。在日俄战争中获胜极大地增强了陆军对教育的发言权，陆军希望扩张军备、增强兵力的意图对学校体操和教师培养有较大影响。1906（明治39）年，陆军大臣会晤文部大臣，希望普通体操和兵式体操尽可能接近，能统一于军队体操，体操教师还是如同先前从陆军预后备下士中选择。但文部省与陆军省意见相左，于是1907（明治40）年两省进行两次共同调查，多次磋商，最终使陆军达到满意。

## 六、明治时期日本学校体育师资培养的影响因素

日本学者把明治时期的体操教师来源分为以下三个阶段：第一阶段，到1886

[1] 水田嘉美，井上一男，小村渡岐磨，等. 从与明治大正时期体育政策的关系看日本体育教师形象［J］. 日本体育学会大会论文集，1977（28）：102.

（明治 19）年为止，体操教师全部毕业于体操传习所。第二阶段，1886（明治 19）年到 1901（明治 34）年，前半期东京师范学校体操毕业生促进了兵式体操普及，后半期陆军出身的兵式体操教员大量进军教育界。具体来说，从 1894（明治 27）年无鉴定考试的申请规则实施以来，直接录用有军人经验的人成为体操教师制度化，从 1894（明治 27）年到 1901（明治 34）年，体操科鉴定考试合格者中军人比例从 46.5%上升到 85.7%。第三阶段，1901（明治 34）年以后，日本体育会体操学校、高等本科毕业生占据多数[1]。

以第一高等中学体操教师为例，该校体操科教师的构成可分为以下阶段：1886（明治 19）年开始的几年间，以体操传习所为中心；明治 20 年代中期开始，以陆军职业军人特别是下士出身的军人为中心；从日俄战争结束开始，以士官出身的军人为中心。

明治前期，体操传习所对于师资培养起到重要作用。传习所废止后，出于富国强兵的军事追求，兵式体操在学校教育中占据重要位置，“兵式体操让体操教师必须具备准军人条件，这意味着学校体育的军队化”[2]，于是越来越多的军人进入学校成为体操教师，而普通体操教师的培养反被弱化。大量军人成为学校体操教师，这一趋势很明显，表明军事因素越来越多地影响了明治时期的学校体育，到大正时期，这一趋势愈演愈烈。军事是影响明治时期体操师资的重要因素。

## 本章小结

明治时期是日本近代学校体育的开端、形成阶段。学校体操课程、课外活动、运动竞赛从无到有，逐步建立起来，初步制度化、科学化，成为一个初步的学校体育体系。其产生、发展的过程经历了《学制》前的摸索期、《学制》与学校体育的初步制度化、1879（明治 12）年《教育令》与学校体育的科学化、1886（明治 19）年《学校令》与兵操引入、体育课程必修化以及 1900（明治 33）年《改正学校令》后学校体育的新发展等阶段。

明治时期的学校体育走过了一条从模仿西方到走上独立自主、探求适合本国

---

[1] 大熊广明．日本学校体育的建立和改组中采用军事体操和训练方法的意义：以明治和大正时代为中心［J］．筑波大学体育科学系纪要，2001（24）：57-70.

[2] 水田嘉美，小村渡岐磨，古谷嘉邦，等．从体育政策的角度看体育教师的形象的研究［J］．东海大学纪要体育系，1977（7）：45-54.

国情或者说适应本国需要的道路。从制度等外在形式来看，明治时期的学校体育主要是随着教育制度的形成和变化而不断调整的。从其思想认识的变化来看，在前期的文明开化之中，主要接受了欧美教育思想的影响。但1886（明治19）年以后，随着欧化主义被批判，学校体育逐渐受到军国主义思想及国家军事追求、军部的影响，因而学校体育发生了兵操引入、体操课程必修化、行军兴起等重要变化。

该时期，体育已经在学校教育中作为三育之一确立了其重要地位，并且在由初等、中等、高等教育构成的教育体系的各个环节中都确立了其重要位置；从学校体育自身的体系来看，制度上学校体操课程在各级学校实现了必修化，结构上形成了包括体操课程、课外体育活动和运动竞赛三部分在内的体系，学校体育中的目标、方法、内容、师资、评价、制度等要素都已经初步具备。该时期学校体育作为一个新生事物刚刚在教育中登场，大体建立起了近代学校体育的初步框架体系。

明治时期的学校体育尤其是中期以后的学校体育，受到军国主义思想的很大影响，学校体育的目的是为富国强兵、扩张国权服务。1886（明治19）年，兵操进入学校及学校体操课程必修，也是受到军国主义思想的强烈影响。虽然以前李兰多批判兵式体操，但随着李兰多的解职及国家主义教育体制的确立，学校体育逐渐受制于国家的军事追求。其影响不仅体现在学校体操课程内容加入兵操方面，在课外活动领域，也兴起了兵式行军，师范学校全部军事化管理，力图培养具有“顺良、信爱、威重”气质的教师及国民。体育师资方面也是如此，在1886（明治19）年《师范学校令》以后，师范教育大发展，而国家举办的专门的普通体操师资培养却极为薄弱，这与国家主义的教育政策下重视兵式体操，大量军人进入体育教师队伍有关。因此，明治时期，其学校体育已经出现了军国主义体育的萌芽，呈现出工具化特征。

在文明开化中，日本不仅接受了西方传入的体操形式，对西方科学的教育理论、体育理论等也多有引进，使其学校体育建立在较为科学的理论基础之上，体现一定的科学性特征。

明治时期是日本近代军国主义体育的萌芽时期，在明治以后到“二战”结束之前的时期中，军国主义体育的萌芽逐渐成长，愈发壮大，在“二战”期间发展到极端，贻害深远的军国主义的种子在明治时期日本学校体育的形成阶段也已萌生，明治时期的学校体育具有工具性特征，其目的指向是为了国家、社会，而不是个人。

# 第三章
# 大正时期的日本学校体育（1912—1926 年）

1912—1926 年大正天皇在位的这段历史时期较为短暂，但作为明治到昭和的过渡，在日本近代史上占有重要地位，大正前期是日本明治维新以后前所未有的盛世。1914（大正 3）年，第一次世界大战爆发，日本也参战，大战后日本民主自由气息浓厚，民主主义风潮席卷日本文化诸领域，后人称为“大正民主”，这是大正时代的重要特征之一。日本政府借天皇权威对民主之风进行抵制。

大正时期日本学校体育有较大的发展。随着 1913（大正 2）年《学校体操教授要目》公布，瑞典体操在学校体育中获得正式地位，竞技运动和游戏盛行，学校体育内容不断充实。由于竞技运动的风行，运动中出现了一些非科学化的倾向，又通过合理化运动予以纠正。随着教育体制的逐步“右倾化”，学校体育中的军国主义分量大幅增加，尤其是 1917（大正 6）年《关于兵式体操的建议案》，1925（大正 14）年《陆军现役将校学校配属令》提出后，陆军现役将校分配到学校担任体育教师，学校军事训练进一步强化。

## 第一节　大正时期学校体育的发展背景

大正时期（1912—1926 年）是一个在政治、经济和思想上波涛汹涌的时代，大正时期学校体育的发展与该时期波澜壮阔的时代背景密不可分。

### 一、大正民主与“一战”后资本主义工业经济的迅速发展

1914（大正 3）年至 1918（大正 7）年的第一次世界大战是大正时期经历的

一个重大事件。“一战”既为美国作为世界大国的出现、为列宁主义在俄国的胜利铺平了道路，也削弱了欧洲对东亚和东南亚的控制力，这样改变了东北亚和太平洋地区的政治格局，日本政府的实际控制力得以扩大。

大正时代的另一显著特征是民主浪潮兴起，民主气息较为浓郁，以“大正民主时代”著称[1]。大正民主主义是明治自由民权运动之后日本近代史上出现的第二次民主高潮，始于1912（大正元）至1913（大正2）年的第一次护宪运动，止于1924（大正13）至1925（大正14）年的第二次护宪运动，“护宪”成为中心口号。运动的领导骨干主要是日本中小资产阶级等中间势力及其知识分子，工农群众是这一运动的推动者。大正民主主义时期，日本民主运动组织纷纷成立，日本人民、民主势力进行了多种形式的斗争。此外，在世界经济危机、伦敦裁军条约等事件的诱发下，日本法西斯势力日益猖獗，法西斯团体在全国制造了系列恐怖和暴乱活动，暗杀政要、财阀首脑以推动统治阶级的法西斯化。

第一次世界大战期间，日本经济畸形繁荣。日本虽属交战国，但由于远离战祸中心，未直接蒙受战争破坏。此时欧洲大多数国家均卷入战争，这为日本创造了一个巨大的战时出口欧亚的市场，极大推动了日本资本主义工业经济的迅速发展，使其从农业国迅速转变为工业国。在此基础上，资产阶级队伍逐步扩大，力量不断增强[2]。但“一战”给日本人民带来的直接后果是大米等生活必需品价格暴涨，生活水平急剧下降。大战刚结束，日本就爆发了1918（大正7）年经济危机。1918（大正7）年底至1919（大正8）年初，经济遭受较重打击，钢铁、海运、造船等军需物资生产部门受损严重。物价、股票价格暴跌。1920（大正9）年春又陷入了新的严重的经济危机，日本经济由此陷入历时10年的长期萧条。

## 二、教育体制的右倾与“一战”后体育的军事色彩

### （一）大正时期教育体制的右倾

“一战”结束前后，日本民主主义风潮日盛，工人运动活跃，教育领域掀起主张个性与自由的新教育运动。面对这种形势，日本政府试图用“忠君爱国”的国民道德教育抑制民主与自由的发展。1923（大正12）年11月，天皇颁布

[1] 托特曼．日本史［M］．王毅，译．上海：上海人民出版社，2008：366.

[2] 王新生．日本简史［M］．北京：北京大学出版社，2013：160.

《振作国民精神诏书》，“朕惟国家兴隆之本，在于国民精神之刚健，须涵养振作之，以固国本……晚近学术益开、人知日进，然渐萌浮华放纵之习，轻佻诡激之风亦生。及至今日，欲革除时弊或恐失坠于前绪，况此次灾祸甚大，复兴文化、振兴国力皆有待国民精神。此实上下协戮更张之时……”1924（大正13）年1月，时任首相清浦奎吾演讲称：“振兴文教与振作国民精神，乃现今国情下急务中之急务。”将“采取适当方法，努力善导锐意思想”[1]。

1917（大正6）年9月日本成立“临时教育会议”，1924（大正13）年4月成立“文政审议会”，1937（昭和12）年12月成立“教育审议会”，1917至1937年被认为是“日本近代教育体制右倾化的过程”，在进一步加强教育内容的实用性，促进资本主义发展的同时，在教育制度上和教育内容上，“皇国主义”与“军国主义”的比重均大幅增加，教育体制开始呈现明显的“右倾化”。学校体育作为学校教育的组成部分，受教育体制的直接影响，也大幅增加了军国主义的比重。

### （二）“一战”后体育的发展

“一战”后各国从战争中吸取教训，均加强了青少年体育以及军事教育，在战胜国与战败国中这一现象都是共同的。“一战”后，在德、意、日、法、美、英等国，体育更多地被作为战备手段，学校体育笼罩着浓重的军事色彩。如美国通过“一战”发现兵源体质堪忧，于是以竞技运动作为战后学校体育的主要内容。意大利墨索里尼登台后，进行法西斯教育，把体育变成了赤裸裸的扩军备战工具。德国通过体操组织和各种运动组织培养未来军人，由于《凡尔赛和约》禁止其实行普遍义务兵制，只准保留10万人的陆军，所以其体育课的课时成倍增加，并强制18~35岁的公民在规定时间内体育达标。在世界体育的军事化背景下，日本学校体育的军事色彩更为浓厚，军事训练新体制得以确立。

此外，日本的体育运动在明治末期至大正时期是全国范围的组织化、系统化阶段。从明治40年至大正时期，外国传来的竞赛项目很多，在日本分别成立了全国性组织。到大正后期，近代体育运动体制已经大体确立，体育运动蓬勃开展。日本参加了奥运会、远东运动会等国际性竞赛活动，创设了国民体育大会——

---

[1] 臧佩红．日本近现代教育史［M］．北京：世界知识出版社，2010：168.

明治神宫体育比赛，建立了全国性的竞赛团体[1]。这也是大正时期学校体育发展的一个背景。

## （三）大正时期的体育设施、器材与服装

### 1. 学校体育设施不断完善

大正末期，由于竞技运动的发展和对体育认识的提高，夏季体育设施开始在全国范围兴建。1922（大正 11）年 6 月，根据文部大臣官房学校卫生课公布的 1918（大正 7）年、1919（大正 8）年、1920（大正 9）年 3 年全国中小学夏季体育设施调查数据，1918（大正 7）年全国中小学夏季体育设施为 771 个，1919（大正 8）年为 1379 个，1920（大正 9）年为 2132 个，呈现飞跃式增长，整个“一道三府四十三县”都整体呈现出增加趋势。从 3 个年度看，游泳设施最多，另外登山（远足）、武道、体操设施明显增加。特别是体操，1918（大正 7）年排名第 9 位，到了 1920（大正 9）年，就上升到第 4 位[2]。说明随着 1913（大正 2）年《学校体操教授要目》的颁布实施，体操设施逐渐增多。随着社会体育的普及与发展，社会体育各种运动设施也逐渐充实起来，从 1921（大正 10）年前后急剧增加，1930（昭和 5）年达到顶峰后急速下降。

### 2. 体操器材的制造和服装改良

1902（明治 35）年前后，瑞典体操传到日本，在 1913（大正 2）年的《学校体操教授要目》中被列为主要教学内容，因此学校体育的一项重要任务就是添置瑞典体操所需器材。当时，体操器材制造有木匠或体育用品商制作两种途径。普遍流行的做法是委托木匠临摹体操器材，描绘设计图然后动手制作。例如，群马县佐波郡东寻常高等小学 1913（大正 2）年 8 月在经费不足的情况下，仍想方设法添置水平棒、肋木、平衡木等。当时群马县没有设置瑞典体育器材的先例可供效仿，村长、职员陪同木匠考察了师范学校器材设施作为参考，并委托木匠动手制作，最终花费了很多时间、精力制造出当时堪称一流的体操器材。

进入大正时期，制造销售体操器材的商家逐渐增多，其中香川县琴平町的都村有为堂最有名气。该商家曾接受同县香西小学委托，制作单一式肋木和双杠。

---

[1] 大熊广明．学者笔下的日本近代体育史［J］．成都体育学院学报，2000（1）：11-12.
[2] 今村嘉雄．日本体育史［M］．东京：不昧堂，1970：536-544.

后来香西小学为了更好地改进体操器材，将设计图等资料交给了都村有为堂，此后，该商号掌握了从设计到制作的全过程，引进动力机械设备进行加工，开始制造、销售体操器材。当时能够制造和销售体操器材的商家已遍布全日本，也有一些商家不参与制作，只负责销售。1921（大正10）年5月，东京体育用品制造销售协会正式成立，成员有70个，次年增加到88个，到1926（大正15）年达到97个[1]。

在体育服装穿着方面，可以通过其中较为典型的学校来了解当时的情况。例如，香西小学是一个体育发展较为先进的学校，其体育活动的基础形成于1918—1921（大正7—10）年，其体育设施和体操服装也在相应阶段得到较快发展。该校认为服装的改善不可或缺，是当务之急，这从大正之初就成为该校的体育方针。1912（大正1）年规定，运动时不允许穿着前垂、布袜、木屐、草鞋，冬天运动不允许穿外套。1912—1916（大正1—5）年，教师、校医努力普及有关服装的卫生思想，女教师开始进行服装改革，1915（大正4）年开始穿着“授业服”。1917（大正6）年，男子穿改良衬衣在郡内运动会受到好评，于是在郡内广为流传。1919（大正8）年，全校统一购买一致的体操服。该校做法在本郡、县起到了示范作用。不过该校女生穿着运动服装之初受到来自外部的激烈非议，另外，运动服装的穿着也给监护人带来了一定的经济负担[2]。

## 三、学校体育开展的科研基础

第一次世界大战引起了各国对身体和体育问题的普遍关注，随着体育的广泛实施，体育科学化进程大大加快。苏联在十月革命后建立了一批运动心理学实验室。1922（大正11）年，美国的格里菲斯（C. R. Griffith）出版《运动心理学》，1924（大正13）年成立的日本国立体育研究所也开展了运动生理学和运动心理学研究。20世纪20年代到30年代的德国体育学位论文中，已经涵盖了运动医学、运动与成长发育、心理学、社会学、经济学、体育统计学、劳动生理学等领域。

[1] 大熊广明．明治、大正时期的体育器材制造销售情况［J］．聂啸虎，译．体育文史，1996（6）：52-53.

[2] 前田干夫．大正时期学校体育的研究：香西小学的体育设施和体操服［J］．日本体育学会大会论文集，1992，43A：114.

日本从明治初期开始，尝试从近代西欧科学的角度开展体育研究，这也是体操传习所的使命之一。1905（明治38）年的《学校体操游戏调查报告》主张设置体育研究所开展科学研究。1923（大正12）年在东京都建成国立“体育研究所”，目的是研究保持国民体质、体力的措施及方法，从教育、心理、生理、解剖、卫生等各个角度研究体育运动的体制，同时进行实际指导。该研究所是体操传习所设置以来唯一的体育专业官营研究机构，共计存续17年，日本在体育科学研究方面落后于欧美先进国家，设置固定国办的正式研究机构后，开始正规的研究工作，这是促进体育发展的有力举措。该研究所后因太平洋战争而被停止运行。

大正时期出版的体育科学书籍中，较好的学校卫生、运动卫生的著作有50部，运动生理、解剖学著作有22部，运动心理、运动学著作有5部，这些为学校体育的科学发展奠定了理论基础。《学校体操教授要目》公布后，九州帝国大学教授樱井恒次郎从解剖学角度出发对瑞典体操进行研究，宣传这是“合理的体操”，给要目中体操提供了科学依据。另外，吉田章信于1916（大正5）年出版《运动生理学》，这是日本最早的通过独立试验，并对照诸多外国文献进行比较研究的成果，内容充实。小笠原道正的《体育生理学纲要》、关正次的《运动解剖生理学》也是较好的著作。

## 四、教育及学校体育管理机构

### （一）教育管理机构

该时期中央教育行政机构包括“临时教育会议”和“文政审议会”，均直属内阁[1]。

#### 1. 临时教育会议（1917年9月—1919年5月）

1917（大正6）年9月至1919（大正8）年5月，日本政府设立近代第一个直属内阁的教育审议机构“临时教育会议”，其职能是在首相监督下调查审议教育领域的重要事项，针对首相咨询提出过小学、男子高等普通教育、大学教育及专门教育、师范教育、视学制度、女子教育、实业教育、通俗教育、学位制度9

[1] 臧佩红．日本近现代教育史［M］．北京：世界知识出版社，2010：177.

项报告以及《振兴军事体操的建议》《一般设施完善教育效果的建议》2项建议。日本政府根据其建议，于1918（大正7）年12月公布《大学令》及《高等学校令》，1919（大正8）年2月修改《帝国大学令》《小学校令》及《中学校令》，对学校教育制度进行全面改革。

军方进一步参与教育决策，临时教育会议委员36名，政、教、财、军等各方势力均参与其中，其中军界人员2名。最初为陆军次官、海军教育本部部长，后改为陆军教育总监部本部长、海军教育本部第一部长。此外，文政审议会的总裁先后由11位首相担任，其中首相田中义一时任预备役陆军大将，最后两任的斋藤实及冈田启介均为现役海军大将，临时教育会议的52名历任委员中，有33人出身士族。

**2. 文政审议会（1924年4月—1935年12月）**

文政审议会自1924（大正13）年4月设立至1935（昭和10）年12月解散，历时11年8个月，也是直属内阁的教育审议机构，由首相监督，并根据其咨询调查审议教育方针及其他文政重要事项。总裁由首相亲自担任，副总裁中的1人由文部大臣担任，干事长由文部次官担任。审议会刚设立时的43名委员中，军界系统3人，其中陆军2人、海军1人[1]。该会提出12项咨询报告，内容涉及从幼儿园到大学的几乎整个教育领域。1925（大正14）年、1931（昭和6）年2次修改《师范学校规程》，1925（大正14）年颁布《陆军现役将校学校配属令》。此后进入昭和时期，又修订了系列学校令。从审议会的人员构成、运行方式及其提案的实施力度来看，文政审议会实际上是当时日本教育改革与发展的决策机构。

## （二）学校体育管理机构——学校卫生课

1896（明治29）年5月，文部省曾设立总务局学校卫生课，到1900（明治33）年该课与文书课合并。1916（大正5）年，文部省改革管理机构，只设学校卫生官1名，有关学校卫生的事务全部移交给普通学务局第二课，1919（大正8）年转为第五课。学校卫生课后来从普通学务局独立出来，以管理学校体育运动、学校卫生为主。明治时期的体育重视养护和卫生，特别是在小学更加明显，所以名曰“卫生课”比较符合实际。进入大正时期后，武道及竞技等在学校中

[1] 臧佩红．日本近现代教育史［M］．北京：世界知识出版社，2010：177.

发展迅速，社会上的竞技体育也很盛行，作为统管这些活动的组织机构，“卫生”的名称逐渐和现实不相吻合。到1928（昭和3）年5月，学校卫生课遂改称为“体育课”[1]。1924（大正13）年，制定地方学校卫生职员制，全国各道、府、县分别设1名特别任命的学校卫生技师。

## 第二节 《学校体操教授要目》的制定与实施

从明治末到大正时期，竞技体育逐渐国际化，日本国内也创立了各种竞技体育联盟，竞技体育变得兴盛起来，成为制定《学校体操教授要目》的重要诱因。

### 一、《学校体操教授要目》的制定

19世纪末到20世纪初，瑞典体操再次被引入日本，普通体操和瑞典体操二者并存使体操教授出现混乱状况，对学校体操进行整理成为当务之急。军部提出体操教师要录用预备、后备下士官，要让军队体操和学校体操尽可能接近，要通过兵式教练渗透军部思想。文部省拒绝了录用预备下士官作为体操教师的提议，关于军队体操和学校体操尽可能接近的问题，陆军省与文部省成立调查委员会进行共同调查，调查过程十分艰难。

陆军主张“日本独特”的体操，文部省重视“全面发展”的体操；陆军主张尽量教授简单、统一的体操，达到所需程度即可，文部省却主张教授长时间的、顺其自然的体操，并且提倡学生尽量要做各种各样的运动。陆军指责文部省的说法是“歪理”，文部省反驳陆军委员会“粗暴”，是“反学理的”，双方展开了激烈辩论。

当时瑞典体操在欧美各国越来越普及，除少数国家外，各国的军队、学校、社会体操均采用瑞典式，经过激烈争论，《学校体操教授要目》（以下简称《要目》）颁布，日本的学校体操也统一为瑞典体操。从军队方面来说，虽未实现把军队体操引入学校的意图，反而军队也被迫转变成瑞典体操，但就结果而言，其实也实现了军队当初使学校“普通体操”尽量接近军队体操的想法。野口源三郎曾言：“文部省没有向连续取胜的陆军军方妥协，而是从学校教育的根本出

[1] 今村嘉雄．日本体育史［M］．东京：不昧堂，1970.

发，彻底保护了学校体育，这值得称赞，文部省代表和各位老师的苦心努力也值得好评。”[1] 军方在战争节节胜利的有利形势下，出于军事扩张的目的要求教育向其军事目的靠拢，而文部省与教育界从学校教育的本质出发，与军界进行了艰难的斗争。

1913（大正 2）年 1 月 28 日，文部省训令第 1 号公布《学校体操教授要目》，标志着普通体操时代已成为过去，以瑞典体操为中心的时代开始。该要目促成了日本现代学校体育的基本形成，奠定了此后直到“二战”时期的学校体育的基石，在日本现代学校体育史上是一个重要节点。瑞典体操的时代一直持续到 1926（大正 15）年。

## 二、《学校体操教授要目》的实施

### （一）编写《教授细目》

《学校体操教授要目》颁布后，各地很快对此展开相应的行动，有的编写《体操教授细目》，有的组织研究会开展相应研究并购置体育器械，有的举办“体育奖励会”。

例如，1913（大正 2）年 2 月，长野县知事千叶贞干对公、私立学校发布《关于体操科教授要目发布之训令》，要求在《要目》实施之际，各地应根据情况适当“取舍斟酌”，根据男女性别差异、学年高低、儿童发育情况进行周密研究，编写出最恰当的教程。要求县里的各个教育会根据上述原则编写《体操教授细目》。

信浓教育会南安云部会编写《体操科教授细目》，成为南安云郡各学校的教学指导。该细目是按照目的论、教材论、指导论、设施用具论的顺序编写的。全书分为两编，第一编是总说体操科指导理论，分为五章。第二编是教授周案和游戏解说，分别按照不同性别和不同学年进行了具体说明。第一编的五章，分别为第一章《体操科目的》（包括生理的目的、心理的目的），第二章《体操科教材》，第三章《体操科教授形式》，第四章《体操科设备》，第五章《体操科教授注意事项》[2]。

---

[1] 木村吉次．学校体操教授要目（大正 2 年）的制定过程相关考察［J］．文部省科学研究，1964.

[2] 松泽平一．信州大正时期的学校体育研究——学校体操教学要点的制定及各县的应对［J］．日本体育学会大会号，1979（30）：97.

1915（大正4）年3月，中村良平在《信浓教育》发表的一篇文章里谈到，农村的儿童身体强健，但是体操姿势、动作不好，且动作缓慢，为了加以矫正，应当多做悬垂、跳跃运动。都市儿童身体较弱，也缺乏刚毅的精神，应当多做胸、腹运动，并养成刚毅勇敢的精神。同时，认为编写细目不能只从教师的角度出发，也应当以对每一个儿童的教学经验进行归纳为基础。

## （二）《学校体操教授要目》实施的举措

大正时期，群马县、鸟取县、福冈县、香川县等都是以积极开展学校体育而闻名的县。在这些县，学校体育发展的重要因素是地方行政长官的支持和体育专家的指导。

地方行政长官支持学校体育开展，主要是因为强健的身体是大正时期的社会要求，尤其是希望提高村镇青年征兵检查的成绩，在县内、郡内能够提高排名，所以一些村长、町长很支持学校体育发展，如支持改善体育设备（运动场、雨天体操场、体操器械）、给优秀教师优惠待遇、开办讲习会等。

体育专家的指导使体操科实现了研究与实践的一体化，由于不同的专家指导，形成了不同的研究和实践特色[1]。指导较为频繁的体育专家有可儿德、永井道明、林保吉、樱井恒次郎、三桥喜久雄等。其中樱井对香西小学影响较大，他在福冈县出现的频率最高。可儿德、永井道明、林保吉三人对群马县影响较大。

在大正前期，群马县的体育在全国受到关注，该县体操主要受永井道明的影响，不过尚未从解剖学角度对体操教材进行研究。到了后期，福冈县、香川县的体育受到关注。这些县由于受到樱井体操论的影响，多是从解剖学角度对体操教材进行研究。群马县的体育方针是依照《学校体育教授要目》执行的。群马县的体育在全国受到关注，与一些知名专家频繁到访指导密不可分。1913—1917（大正2—6）年，矢岛钟二发挥了很大作用；1915—1917（大正4—6）年，永井道明访问指导达到28次；林保吉在1918（大正7）年5月之前指导过16次；可儿德指导访问过7次。在群马县之后，1919（大正8）年左右，福冈县体育受到关注，其内容受到樱井影响很大。例如，立岩小学规定教师必须对体操教材的要

[1] 前田干夫．大正时期体操专业的研究：论体操日本化的因素［J］．日本体育学会大会论文集，1995（46）：164.

领、解剖、生理、卫生学进行特别研究。另外，各校教材及实施注意中也加入了解剖学的内容[1]。

香川县在《要目》颁布次年，组织研究会研究并设置体育器械，同时举行“体育奖励会”。

1914（大正3）年5月，伴随《要目》的实施，香川县高松市组织了“儿童体育研究会”，包括高松市的视学、市立校校医、校长、师范学校教师等，隔月举办一次会议研究相关问题。1917（大正6）年1月，举办全县的体育联合研究会，高松市和其他郡市也都组成了同样的研究会。香川县体操器械最先进的是香川郡，该郡从1917（大正6）年开始，对固定式体操器械、移动式体操器械的研究和配置盛行起来。《要目》公布次年即1914（大正3）年，香川县先进的市和郡都组织了体育研究会和体育奖励会，对《要目》实施中的主要问题进行调查，并鼓励实施《要目》。香川县学校体育奖励的背景是县民体格不良。1918（大正7）年以后，香川县在全县范围内谋求改善学校体育，提出体操器械设备标准、制定体育奖励规则[2]。在香川县，香川郡体育研究会发行了《樱井博士体操演讲录》，对樱井理论的研究非常热心，特别是香西小学，1917（大正6）年以后多次参加樱井的讲习会，学习其理论和指导方法。1921（大正10）年，该校的体育方针之一是体育原理的研究，谈到了体育需要研究生理学、解剖学、病理学、心理学、简单治疗法等。

鸟取县鼓励体育的背景也是因为当时学生体格较差。明治末期鸟取县的报纸谈到，根据文部省调查报告，该县学童的体格在全国属于劣等[3]。因此，鼓励设置体操器械，做好实施《要目》体操的物质条件准备。关于体操器械的设置，1917—1918（大正6—7）年，鸟取县正式开始设置体操器械。报纸开始对体操器械设置进行报道，可以看到关于体操器械的捐赠和上访町议会方面的报道[4]。另外，岩美郡郡长曾训示要尽快完成体操科设备的设置，体操讲习会多数由郡市教育会主办，主要讲师是三桥喜久雄，三桥讲习会都是以学习《要目》体操为主的。永井道明和樱井恒次郎也作为讲师来开展讲座，包含了解剖学和生理学内

[1] 大熊广明．论樱井恒次郎的体操论对大正时期学校体育教育的影响［J］．日本体育学会大会论文集，1985（36）：89.

[2] 大熊广明．大正时期香川县的学校体育［J］．日本体育学会大会号，1997（48）：129.

[3] 鸟取新报：1911（明治44）年2月21日．

[4] 鸟取新报：1917（大正6）年4月19日、7月14日、10月1日，1918（大正7）年1月1日．

容。大正初期的体操研究会由县内中等学校体操科教员组织，研究诸如《要目》体操在小学普及等相关问题。1917—1918（大正6—7）年，各郡教育会主办的小学教员体操研究会开始召开，邀请中等学校的教员当讲师，进行以实地授课为中心的研究。这意味着《要目》的介绍和解说性的讲习告一段落，开始进行包含教学方法在内的实践性研究[1]。

1913（大正2）年《学校体操教授要目》公布，次年3月，多次开办体操讲习会、研究会，由男子师范学校教师伊藤启八任讲师。从1914（大正3）年开始，多次在报刊刊登论文，介绍小学教育方针、小学体育理论与实践等内容，对小学体育的关注急速深化，并且对体操科和理科设施进行改善。从1917（大正6）年起，九州帝大的樱井恒次郎批判现行体操，宣传以生理、解剖学的医学知识为基础的“合理体操学”，在各地通过演讲会、讲习会等宣传和指导“合理体操”。1919（大正8）年大分县聘请樱井恒次郎开办体操讲习会，男子师范学校教师田边平三郎也致力于普及合理的体操，在县内的体操指导会担任讲师。1924（大正13）年，大分市教育会一年开办了4次体操研究会，体操教授研究会盛行起来[2]。

此外，从材料中可见，很多学校体操课的开展都紧密围绕《要目》，较为突出的如香川县香西小学、群马县佐波郡东小学、奈良女高师附属小学等[3]。

## 第三节　大正时期体操教学目标与内容

大正时期体操科的教学目标具备一定的科学性，如在目标中关注学生身、心两个方面，关注学生运动习惯的养成。以前各学校教授的体操内容各不相同，也缺乏统一的要求，1913（大正2）年1月《学校体操教授要目》颁布后，改变了这一状况。

---

[1] 大熊广明．大正时期鸟取县的学校体育［J］．日本体育协会代表大会，1996（47）：142.

[2] 平野稔．大分县的体育史研究（大正时期的学校体育）［J］．日本体育学会大会论文集，1975（26）：128.

[3] 前田干夫．大正时期小学体操教学研究（体操教学的动机和方针）［J］．日本体育学会大会论文集，1994（45）：151.

## 一、体操教学目标

体操科的教学目标关注学生身、心两个方面。1913（大正 2）年 1 月的《学校体操教授要目》提出，体操科教授要旨在于身体各部均齐发育，各种机能完全发育，增进全身健康，使动作机敏耐久，使身体快活刚毅，养成守纪律、尚协同的习惯[1]。另外提出“体操教学依靠集体教授，让大多数学生共同运动的同时，应随时留意每个学生的身体及精神发育状况，给予恰当指导；体操科教学，要使学生的身体及精神受到陶冶，以期目的达成，不应只追求技术的细枝末节”。第 14 条提出，“击剑和柔术的着眼点在于身心锻炼，特别是应将重点放在精神训练上。要避免只追求技术上的细枝末节和以胜负为目的的弊端”，此处也提出了“身心”锻炼。可见，《要目》提出的实则包括身、心两方面的目标。1926（大正 15）年《改正要目》的前言中也写道：“为了儿童心身发达起见，制定各种适合的教程，以图体育振兴和学生身体的健全发展。”[2] 另外，关注到了学生运动习惯的养成，“如果运动成为每日生活中必不可少的内容，则逐渐会自我意识到其必要性，即使毕业后也要努力养成经常运动的习惯”。

《要目》的主要思想大多出自永井道明，对比永井与《要目》的思想的确极为相近。永井道明在其名著《学校体操要义》（大正 2 年 5 月）中诠释他所认识的体操教学目标：（1）使身体各部位均衡发育；（2）使各种机能完全发育；（3）使动作机敏，精神快活刚毅；（4）养成遵守纪律、崇尚协作的习惯。其中，一是从解剖学观点出发，二是从生理学观点出发，三是从心理学观点出发即从身心一致的关系看，四是从社会适应的观点看。一至三均是从对个人培养的角度出发考虑的。他认为四个目标整体协调一致才能达到教学目的，只达到个别目标不能起到培养效果。永井道明的观念具有较强代表性，对当时的学校体育产生了重要影响。

永井道明还提出，有一种错误认识，认为体操只不过是技术而已，是为了体操而去让儿童活动身体，忽略是为了教育儿童才练习体操。他认为运动应该是为了身心健康，体操不是为了技术而练习的。永井认为体操科教授的目的是“结合

[1] 前田干夫．大正时期学校体育的研究——以香西小学体育实践的动机和目的为中心［J］．日本体育学会大会论文集，1984（35）：104.

[2] 井上雅之．昭和初期的日本体育体系相关研究［J］．冈山理科大学纪要，1977（12）：1-13.

所有教育工作，努力培养健全的人”。运动和技术只不过是陶冶身体和精神的简单方法而已。这与以永井思想为主制定的《要目》的宗旨是一致的，“体操科的学习目的在于学生的身体和精神，运动本身的目的不在于技术，运动和技术只不过是陶冶身心和精神的方法而已”。总之，体操科教授的目的是“结合全部教育工作，努力培养出健康的人”[1]。

地方学校在实际执行中也朝着“身、心”两方面的目标努力。例如，香川县香西小学的体育实践在大正时代全国瞩目，其体育实践与《要目》中体操科教授要旨的要求合拍。香西小学发展学校体育的原因是：（1）当时香西小学儿童的身体和其他地方相比较差，所以希望促进学生体格的改善、矫正学习姿势；（2）提高学生的纪律、机敏、刚毅、忍耐力、持久力等；（3）当时香西小学儿童的学习态度和其他地方相比也有差距，所以希望学生学习态度积极；（4）希望本町壮丁检验成绩良好；（5）校长本人的切身经历，该校校长合田自幼多病，小学生活少有乐趣，但后来体验到了体育对身心的良好影响，因此他大力支持学校体育的开展；（6）认为身体强壮是时代的要求[2]。为达到上述目的，学校采取了相应措施，如不断改良体育服装、器具等，到大正中期，全国各地很多参观者都来该校学习考查[3]。

群马县佐波郡东小学发展体育的出发点是：（1）把振兴教育作为村势向上的基础；（2）壮丁征兵检查中发现村民体格低下、体力衰退；（3）学生体力显著不良，缺乏生机勃勃的面貌，训育方面纪律、勤勉、顺从等有所欠缺，学习状态不良；（4）村当局和学校当事人在教育基础上，为改善村民体格确立了奖励体育的方针。

奈良女高师附属小学体操科的目标是：（1）希望学生运动技能和新陈代谢机能调和发达，特别是四肢动作机敏耐久，以期精神快活、刚毅，保护增进全身健康；（2）身体不管动静，能保持正常的姿势、良好的体格；（3）习惯于协同动作，能够感受到个人责任，养成守规律、尚协同的习惯。

从上述几所学校发展体育的出发点中，均能看到对身、心两方面目标的追求。

---

[1] 木村吉次．关于学校体操教学要点（大正2年）制定过程的相关研究［J］．中京体育学论丛，1964，6（1）：47-119.

[2] 前田干夫．大正时期小学体操教学研究（体操教学的动机和方针）［J］．日本体育学会大会论文集，1994（45）：151.

[3] 前田干夫．大正时期学校体育的研究——以香西小学体育实践的动机和目的为中心［J］．日本体育学会大会论文集，1984（35）：104.

## 二、体操教学内容

### （一）1913年《学校体操教授要目》对教学内容的规定

以前各学校教授的体操内容各不相同，也缺少统一的依据作为参考。1913（大正2）年1月《学校体操教授要目》颁布，以此作为普通教育中小学、师范学校、中学、高等女中等体操科目的教学参考。该要目以体操为中心，体操的内容主要是瑞典体操，废除以前兵式体操、普通体操的划分，把普通体操里原来作为准备活动的集合队列运动和兵式体操合为“教练”。要求“地方长官督促各学校校长，参考本案内容，结合地方情况和学生身体发育情况，确定适合各自情况的教程，以此实现体育的振兴，促进学生身体的健全发育”。该要目只是一个供参考的基准，是各地方、各学校根据自身特点，制定具体教程及教学计划时的参考。

同年7月，《小学校令》对《要目》施行规则进行部分修改，无论普通小学还是高小，教材都是体操、教练、游戏。授课时数普通小学除一、二年级包括唱歌共4个小时外，各学年都是每周3个小时。

“体操”分下肢、头、上肢、胸、躯干侧方、腹部、背部、跳跃、呼吸、引体向上、平衡等各种运动，以前作为兵式体操运动进行的引体向上、跳跃等运动全部包括在体操当中。

“教练”包括静止的各种动作、行进间的各种动作，徒手小队、中队训练，各种持枪训练以及小队、中队训练（表3-1）。

**表3-1　“兵式体操”与“教练”的比较**

| 学年 | 要目 | |
|---|---|---|
| | 明治35年《中学校教授要目》 | 大正2年《学校体操教授要目》 |
| 第一学年 | 徒手柔软体操、空手各个教练、徒手小队教练 | 注意、稍息、集合、解散、报数、整顿、向左（右）转、向后转、行进、停止、踏步、行进间向右（左）转、驱步、转换方向、队伍集合和散开、侧面纵队变横队、间距及距离散开集中 |
| 第二学年 | 徒手柔软体操、徒手各个教练、徒手小队教练、徒手中队教练 | 徒手小队教练 |

续表

| 学年 | 要目 | |
|---|---|---|
| | 明治 35 年《中学校教授要目》 | 大正 2 年《学校体操教授要目》 |
| 第三学年 | 徒手柔软体操、徒手各个教练、徒手小队教练、徒手中队教练、器械体操、号令演习 | 徒手中队教练、执枪各个教练、执枪小队教练 |
| 第四学年 | 柔软体操、各个教练、小队教练、中队教练、器械体操、号令演习 | 执枪中队教练<br>干部演习 |
| 注意 | 在教授体操的时间里，做运动的时候，还要说明游戏的方法，以及讲解其他体育相关内容，而且要教授军事概要 | 在《步兵操典》记录了射击、散开、突击等内容 |

伴随着裁军和现役将校学校配属问题，军事教育以“教练”的名称成为体操科中的一科，这是文部省和陆军省两省共商的教育政策，影响较大，但当时的体育教师对“教练”的把握有一定困难。当时的报纸对于这种政策是否恰当，应当如何开展进行了讨论。大正 1—15 年，报纸上发表的 168 条体育新闻中，关于教练的数量最多达到 37 条，关于保健和远东运动会的次之，有 30 条[1]（表 3-2）。

**表 3-2　大正 1—15 年报纸上的体育新闻数量统计**

| 时间 | 类别 | | | | | | 合计 |
|---|---|---|---|---|---|---|---|
| | 保健 | 女子体育 | 教练 | 远东运动 | 神宫政策 | 冬季运动 | |
| 大正 1 年 | | | | | | | |
| 大正 2 年 | | | | | | | |
| 大正 3 年 | 1 | | | | | | 1 |
| 大正 4 年 | 1 | | | | | 1 | 2 |
| 大正 5 年 | 9 | 1 | | | | | 10 |
| 大正 6 年 | 3 | | 1 | 7 | | 3 | 14 |
| 大正 7 年 | | | | | | | |
| 大正 8 年 | | | | | | | |

[1] 岛田正士. 从报纸社论看大正时期的体育教育和运动［J］. 日本体育学会大会号，1973（24）：41.

续表

| 时间 | 类别 | | | | | | 合计 |
|---|---|---|---|---|---|---|---|
| | 保健 | 女子体育 | 教练 | 远东运动 | 神宫政策 | 冬季运动 | |
| 大正 9 年 | | | | 1 | | 1 | 2 |
| 大正 10 年 | | | | | | | |
| 大正 11 年 | 1 | 6 | | | | 1 | 8 |
| 大正 12 年 | 3 | 4 | 6 | 8 | | 5 | 26 |
| 大正 13 年 | | 4 | 16 | 6 | 3 | 4 | 33 |
| 大正 14 年 | 6 | 1 | 10 | 8 | 6 | 7 | 38 |
| 大正 15 年 | 6 | 3 | 4 | | 11 | 10 | 34 |
| 合计 | 30 | 19 | 37 | 30 | 20 | 32 | 168 |

游戏大致分为以竞争为主的游戏、以表现动作为主的游戏和以行进为主的游戏。以竞争为主的游戏有夺旗赛跑、小鬼游戏（不服输小鬼、蒙面小鬼、生子小鬼、西洋鬼、抢地盘小鬼、猫和老鼠）、拔河、单脚竞争（类似于蛙跳、双脚跳）、红白队投篮比赛、夺帽子、跳绳、运球赛跑、皮球远投比赛、皮球抛高比赛、传球比赛、单脚赛跑、传旗比赛、负重赛跑、赛跑、搬草袋、投沙包、二人三足跑、千鸟赛跑、障碍物赛跑、足球等；以表现动作为主的游戏有打漩儿、池中鲤鱼、大和男子等；以行进为主的游戏有十字行进、脚后跟脚尖行进、滑步行进等。

大正后期，游戏书发行增多（表 3-3），广岛高等师范学校训导大森惠美四郎认为，“这是儿童时期最盛行的竞争本能、游戏本能以某种形式得到满足的结果”。“最近的教育学说倾向于自由教育、创造教育等，所以在体育方面，也脱离了从前的严谨主义、命令主义、一味主张纪律的主义，让儿童自由地、创造性地活动，并形成了艺术性的活动”。并且“意识到瑞典式体操不是体育的全部”[1]。

[1] 小仓寿美子，鹤冈英一．大正时期的游戏书［J］．日本体育学会大会号，1980（31）：182.

**表 3-3　大正时期游戏书的刊行数量**

| 时间 | 大正<br>1—5 年 | 大正<br>6—10 年 | 大正<br>11—15 年 | 共计 |
|---|---|---|---|---|
| 数量/册 | 13 | 14 | 25 | 52 |

此外，中学和师范学校的男生可以增加击剑以及柔术，此时尚未使用剑道、柔道的用语。

大正时期出版的体育运动书籍，关于棒球、登山、游泳、柔道、剑道方面的书籍很多，关于日本自古以来的项目——相扑的书减少，田径、滑雪、庭球、回转项目的书籍发行数量逐步增加，后期有了球技书、摔跤书。这些是由国际竞赛的影响和学生人数的增加、劳动者群体增加带来的社会结构变化所致。根据发行的书籍来看，大正时期的竞技项目数量至少有 26 种[1]（表 3-4）。

**表 3-4　大正时期（1—15 年）体育运动书籍的出版数量**

| 项目 | 时间 | | | | | | | | | | | | | | | 共计 |
|---|---|---|---|---|---|---|---|---|---|---|---|---|---|---|---|---|
| | 1 | 2 | 3 | 4 | 5 | 6 | 7 | 8 | 9 | 10 | 11 | 12 | 13 | 14 | 15 | |
| 田径 | | | | | 1 | 5 | 2 | 1 | 2 | 5 | 7 | 8 | 14 | 8 | 6 | 59 |
| 游泳 | | 4 | 3 | | 3 | 3 | 2 | 2 | 6 | 5 | 6 | 4 | 8 | 3 | 5 | 54 |
| 滑雪 | 1 | 2 | | 1 | 2 | | | 2 | 1 | 1 | 2 | 2 | 8 | 1 | 7 | 30 |
| 四轮滑冰 | | | | 1 | | 1 | | | | 1 | | | | | | 3 |
| 划艇 | | | | | 1 | | | 1 | 1 | | | | | 3 | 1 | 7 |
| 登山 | 2 | 2 | 6 | 2 | 3 | 7 | 4 | 9 | 1 | 3 | 7 | 10 | 5 | 8 | 8 | 77 |
| 芭蕾 | | | | | | | | | | | | 2 | 3 | 1 | 3 | 9 |
| 篮球 | | | | | | 2 | | | | 1 | | | 2 | 3 | 1 | 9 |
| 足球 | | | | | | | | | 1 | 1 | 1 | 1 | | 2 | | 6 |
| 橄榄球 | | | | | | | | | | | | | 3 | 1 | | 4 |
| 棒球 | 1 | 7 | 3 | 4 | 3 | 5 | 1 | 4 | 7 | 8 | 13 | 7 | 12 | 9 | 7 | 91 |
| 庭球 | 1 | | | | | | 1 | | | | 7 | 4 | 5 | 3 | 3 | 24 |

[1] 潢瀬龙一．大正时期的体育史研究——文献资料中体育的动向［J］．日本体育学会大会号，1974（25）：134.

续表

| 项目 | 时间 | | | | | | | | | | | | | | | 共计 |
|---|---|---|---|---|---|---|---|---|---|---|---|---|---|---|---|---|
| | 1 | 2 | 3 | 4 | 5 | 6 | 7 | 8 | 9 | 10 | 11 | 12 | 13 | 14 | 15 | |
| 曲棍球 | | | | | | | | | | | | | | 2 | 1 | 3 |
| 水球 | | | | | | | | | 1 | | | | | | | 1 |
| 柔道 | 4 | 5 | 1 | | | 2 | 1 | | 3 | 4 | 2 | 1 | 2 | 5 | 8 | 38 |
| 空手道 | | | | | | 2 | | | | 1 | 1 | | | 1 | 1 | 6 |
| 剑道 | 6 | 1 | 2 | 5 | 5 | 6 | 5 | 2 | 2 | 1 | 3 | 5 | 2 | 5 | 2 | 52 |
| 相扑 | 1 | 2 | 2 | 1 | 2 | 3 | 3 | | 1 | | 1 | 1 | | | 1 | 18 |
| 拳斗 | | | | | | | | | | | | 3 | | | | 3 |
| 摔跤 | | | | | | | | | | | | | 1 | | | 1 |
| 弓道 | | | 1 | 1 | | | 2 | | 1 | 1 | 1 | 1 | 1 | | 4 | 13 |
| 马术 | 1 | 1 | 1 | | 1 | | | 2 | 3 | 2 | | 1 | 1 | 1 | 1 | 15 |
| 一般运动 | | | 2 | | | | | 1 | | | 1 | 2 | 4 | 7 | 3 | 20 |
| 球技 | | | | | | 1 | | | | | | 1 | 1 | 1 | 4 | 8 |
| 武道 | | | | | | 2 | 1 | | | | 1 | 2 | 1 | 2 | 1 | 10 |
| 小计 | 17 | 24 | 21 | 15 | 21 | 39 | 22 | 24 | 30 | 34 | 53 | 55 | 73 | 66 | 67 | 561 |
| 国际竞技 | | 2 | | | | 1 | | 1 | 1 | 2 | | 3 | 2 | 3 | 1 | 16 |
| 国内竞技 | | | | | 1 | | | | | | | | | 3 | 2 | 6 |
| 社会体育 | | 1 | | 2 | | 2 | 1 | 1 | 2 | 2 | 6 | 2 | 6 | 3 | 3 | 31 |
| 露营（野营，兵营） | | 2 | | | | | | 2 | | 1 | 2 | 2 | 5 | 1 | 2 | 17 |
| 桌球 | | | | | | | | | | | | | 1 | | | 1 |
| 高尔夫 | | | | | | | | | | | | 1 | | | 2 | 3 |
| 撞球 | | 1 | | 1 | 1 | | 1 | 2 | | 1 | | | | 3 | 1 | 11 |
| 运动会 | | | | 1 | 1 | | | | | | | 1 | | 1 | | 4 |
| 文艺随笔 | 1 | | 1 | | | | | 1 | 1 | 1 | 1 | | 2 | 3 | 2 | 13 |

## （二）1926年《改正学校体操教授要目》对教学内容的规定

大正时期的日本体育体系是“从第一次世界大战以后的军事教练强化策略出

发的”，实施了《体操教授要目》和《教练教授要目》两者并列的指导体制[1]。

大正时期，主张儿童自主性和创造性的自由教育思想十分流行，受国际奥林匹克、远东运动会以及国内竞技大会的刺激，竞技体育不仅在大学、专科学校普及，甚至渗透到了中小学。“我们要尊重体育”“我们要尊重舞蹈”“尊重儿童的自发活动，重视游戏及竞技”“肋木运动无用论”等言论被频繁发表，针对1913（大正2）年以瑞典体操为中心的《要目》同样也出现了批评意见。最后，连作者永井道明本人也认为《要目》修改成了当务之急。

1913（大正2）年《要目》公布后的十余年间，要求改正的呼声高涨。松泽平一认为主要原因是：（1）以儿童为中心的自由主义教育思想的影响；（2）自然的游戏、游戏、竞技运动的兴盛；（3）一些体育指导者出国留学归国后的活跃表现；（4）陆军的削减和现役将校配属而致的对学校教练的重视；（5）参加奥林匹克运动大会、参加并主办远东运动会，由此而来的竞技体育热的升温，明治神宫运动大会的召开、体育日的制定、国立体育研究所的设立等一系列状况，导致了1926（大正15）年5月《要目》的修改[2]。井上雅之认为，1926（大正15）年颁布《改正学校体操教授要目》的社会背景是军事教练（military training）的强化，随着竞技体育活动的日益兴盛，学校更多地采用竞技形式，这是改正的根本理由[3]。针对体育界这种形势，文部省多次召开会议，同时组织调查委员进行调查。1926（大正15）年5月27日，文部省训令第22号公布了《改正学校体操教授要目》（以下简称《改正要目》）。

《改正要目》前言中写道：“为了学生儿童身心发达起见，制定各种适合的教程，以图体育振兴和学生身体的健全发展。”可见其目标仍旧是围绕身、心两方面展开。把原来1913（大正2）年的“学生身体发育情况”修改为“学生儿童身心发达”，并把“身体发育”变为“身心发达”。日本学者认为这体现了从“身体培养”的体育论向“身心培养”的人格主义体育论变化的倾向，是“身心调和的教育”的新体育概念的表现。

该《改正要目》的体系，由体操、教练、游戏及竞技、剑道及柔道四方面构成，体操所占分量较大，对体操从出发姿势到号令都做了规定，体操内容增加

[1] 井上雅之．昭和初期的日本体育体系相关研究［J］．冈山理科大学纪要，1977（12）：1-13.

[2] 松泽平一．信州大正时期的学校体育研究——学校体操教学要点的制定及各县的应对［J］．日本体育学会大会论文集，1979（30）：97.

[3] 井上雅之．昭和初期的日本体育体系相关研究［J］．冈山理科大学纪要，1977（12）：1-13.

了单杠、平衡木运动以及跳跃、倒立、空翻等全身性技巧。随着外来竞技运动的普及和竞技形式的采用，“游戏”加上“竞技”，形成了“游戏及竞技”。“击剑及柔术”变成了“剑道及柔道”，改变为“道”，是从日本固有的武术形体向武道的竞技形式化发展。

1926（大正15）年的《改正要目》，指出“地方长官要督促各学校校长，依据本改正教学要目，结合学校军事训练教学要目，结合当地情况和学生儿童身心发育情况，制定适合各自情况的教程并付诸实施”。《改正要目》序言指出要“依据”该要目，强化了作为国定方案的基准性，统制的倾向变得更强。

游戏在学校中被采用是在1887（明治20）年，“游戏”在学校体育教材中最早的规定是1881（明治14）年的《小学教则纲领》，但具体内容尚未公布，一直处于体操辅助教材的地位。与1913（大正2）年的《要目》相比，游戏竞技中采用了更多新教材，游戏数量增加，并且内容细化，有“竞争游戏”“唱歌游戏”“行进游戏”“跑技跳技及投技”“球技”[1]。其中作为竞技增加了跑技、跳技、投技。

《改正要目》中增加竞技是由于在1913（大正2）年《要目》到1926（大正15）年《改正要目》期间，正是国际局势非常紧张之际，世界列强以第一次世界大战为契机，为增强本国国民体力，强健精神，均努力振兴体育。在中日甲午战争和日俄战争中获胜并在“一战”中参战的日本，也想在经济与竞技中获得国际地位。当时，日本的平均寿命和欧美列强相比较差，青年死亡率高。通过征兵检查可以看到，1909（明治42）年至1917（大正6）年，体弱的人数增加，尤其是学生，特别是受过高等教育的学生体弱者较多，在国际经济竞争中，体力问题急需得到解决。此外，日本参加奥林匹克竞技，没有取得好成绩。大正时期，欧美的自由主义思想在教育界流传，人们认识到竞技体育对身心的重要教育价值。要增强国民体质、提高精神修养，就要鼓励进行军事预备教育的竞技体育的开展。从明治末年到大正年代，日本体育运动逐渐国际化，参加了第5届奥林匹克运动会、第1届远东运动会，各种竞技联盟也相继成立。国内竞技的兴盛已经很明显，但修改委员为了抗拒以体操为中心的思潮，决定采用“游戏及竞技”这种分类方式[2]。所以，1926（大正15）年的《改正要目》中引入了更多竞技

[1] 小仓寿美子，鹤冈英一．大正时期的游戏书［J］．日本体育学会大会号，1980（31）：182.

[2] 谷釜了正．建立学校“球赛”的过程研究——从球“戏”到球“技”的转变过程（明治40年—大正15年）［J］．日本体育大学纪要，1983（12）：1-11.

体育。

根据社会状况，教练、武道两个系列有强化的倾向，教练带有军事预备训练的性质，该《改正要目》“是含有军国思想的国防体育体系的表面化”[1]。

该要目改正后，二宫右卫门出版了《学校体操》，大谷武一出版了《教育体操》。这些著作从丹麦塔努森的《体操教本》（*Textbook of Gymnastics*）得到了很多启示。这一时期，丹麦的尼尔斯·布赫的《基本体操》（*Grund Gymnastik*）被介绍到日本，引起很大反响，但对1926（大正15）年的《改正要目》并没有产生太大影响。

## 第四节　大正时期体操教学基础理论

从该时期的相关规定来看，体操科的教学方法与原则、策略与以前相比出现了一些新思想，且具备一定的科学性。

### 一、《要目》中的教学方法与原则

1913（大正2）年《要目》提出教学方法注意事项15条，其中的一些思想具备一定的科学性，具体归纳为以下五点。

（1）提出体操科教授目的不仅限于身体锻炼，还在于身体及精神的陶冶，警示不要只追求技术的细枝末节。如第2条：“体操教学，要使学生身体及精神受到陶冶，以期达成目的，不应只追求技术的细枝末节。”此后，1926（大正15）年《改正要目》提示教学注意事项，要求使各项运动长短互补，以达成体操科目的，又再次提示“注意不要一味追求技术上的末节”。

（2）注意男女性别差异和因材施教问题。例如，“在行进速度与距离方面，年少的学生及女生应适当缩短距离，年少的学生速度应稍微降低，速度要随时根据距离而变化。女生用快步走方式，减少膝关节弯曲，稍微降低臀部的抬高程度”；“原地踏步走时，应特别注意减少女生膝关节的弯曲程度，快跑时年少学生和女生的距离应减少”。

《要目》强调以集体教授作为主要方法，同时要兼顾个人身心发育状况，这

---

[1] 土本房枝，浅田隆夫．日本学校体育教育的西化：大正末期的特点［J］．日本体育学会大会号，1976（27）：63.

也是因材施教的体现。如第1条提出“体操教学靠集体教授，让多数学生共同运动的同时，随时留意各个学生的身体及精神发育状况，给予恰当指导”。

（3）体操授课时的运动速度、频率、次数、口号等根据实际情况而定，防止各校千篇一律以及机械式执行。如第5条：“授课时间及授课教材必须适应学生身体及精神发育情况。”另外，排课时要兼顾其他学科授课时间分配情况，确定其所占比重；体操中运动的速度及其速度的调整变化要适应运动性质及进度，掌握好轻重缓急；运动次数要根据运动性质及进度确定；体操运动时的口号，要根据运动性质确定是否使用。

（4）对击剑、柔术等也很关注，在15条之中有2条与之相关。一是“击剑和柔术着眼点在于身心锻炼，特别应将重点放在精神训练上。要避免追求技术上的末节和以胜负为目的的弊端”。二是“击剑要注意改进用具，柔术要注意预防危及身体和精神的风险，并且要钻研击剑及柔术的恰当教授方法，经常保持用具清洁”。

（5）注意场地器械的卫生问题。击剑、柔术用具要经常保持清洁，还提出“体操教室要特别保持清洁，注意要有充分的通风和采光”。

1913（大正2）年7月，《小学校令》对该要目施行规则进行部分修改，依旧体现循序渐进原则以及男女差异性原则。如“普通小学，体操、军事训练以及游戏应从简单动作开始，逐渐提高难度。另外，要区分男女生，斟酌其教学内容”。对教学程度、每周授课时间也进行了修改，授课时数普通小学除一、二年级包括唱歌共4个小时外，其他各学年都是每周3小时。

## 二、永井道明的教学主张

永井道明作为《要目》的主要编写者，对教学方法的考虑与《要目》的指导思想较为一致。其倡导的教学注意事项有以下三点。

（1）指出注入式、命令式体操教学法的弊端，体现以儿童为中心的思想。如“时刻不能忘记体操科教授的主体是儿童。教材选择、器械利用、授课时间长短，都应以学生实际情况为基础”，强调体操科指导不能忘记以学生、儿童为中心这一立场，指出了注入式、命令式体操教学法的弊端，反对形式主义和划一主义，这些体现了当时的欧美儿童中心论的思想。

（2）重视陶冶学生的身心。指出体操教学中专注于陶冶学生健康的身体和快活的精神很有必要，要防范教学中只追求技术的细枝末节的做法。“体操科教学是集体教学，在让众多学生共同运动的同时，还要根据学生身体及精神个性进行指导”，“吾人永远保留下来的是经过陶冶的身体、精神，而不是技术”。“幼童的游戏要有益于幼童时代，少女的游戏应当有益于少女时代，成人后成为丈夫、妻子、老翁、老太以后，游戏还能发挥作用。在人的一生中都能发挥作用。实际上就在于其幼小时期养成的健全的身体以及快活的精神”。此点与《要目》第2条有着异曲同工之处。

（3）主张培养学生的运动习惯。“运动是生活中一天都不可或缺的东西，必须让学生自己认识到运动的必要性，养成自主运动的习惯”。此点与《要目》第3条有相似之处：“如果运动成为每日生活中必不可少的内容，则会逐渐意识到其必要性。即使在家里或者毕业后，都要努力养成经常运动的习惯。”

永井道明认为目前在现代的学校中，体操教学还在使用前近代的教授方法，这落后于其他科目，认为体育要打破旧观念[1]。同时他强调把学生作为学习主体，教学中优先考虑学生的立场。教学方法反对形式主义和划一主义，且完全否定体操教学把学生陷入技术的细枝末节当中，教材也要从“儿童主体”的认识出发进行选择，这些都是从以学生为中心的立场出发的。

## 三、体育运动的科学性倾向

大正时期学校内外体育运动显著勃兴，在国民之中也逐渐普及。然而，有些学生和国民过于看重胜负，不能科学合理地进行体育锻炼，以致妨碍学业或影响身心健全发育。因此，社会各方面均出现了体育合理化的呼声，体育合理化的动向从一开始就提出要从身体和精神两方面进行[2]。1918（大正7）年，临时教育会议提出“改革学校体育设施、普及体育运动的同时，要去除竞争带来的弊病”。

### （一）全国学校卫生大会的建议

在1923（大正12）年的“第二次全国学校卫生大会”上，文部大臣曾经咨

[1] 木村吉次．关于学校体操教学要点（大正2年）制定过程的相关研究［J］．中京体育学论丛，1964，6（1）：47-119.

[2] 水田嘉美，小村渡岐磨，古谷嘉邦，等．从体育政策的角度看体育教师的形象的研究［J］．东海大学纪要体育系，1977（7）：45-54.

询“学校竞技运动在卫生方面应注意哪些事项”，大会答复：（1）进行竞技运动时，应预先进行身体检查，运动过程中及运动后要注意其身心状况；（2）根据性别、年龄及体质确定竞技运动项目及强度；（3）指导学生不以追求胜败为主，要避免过度劳累。还提出女生的运动注意事项[1]。

在1925（大正14）年“第四次全国学校卫生大会”上，针对以燎原之势狂热兴起的竞技运动对青少年身体带来破坏性影响的倾向，文部大臣咨询“女生体育运动应注意哪些事项”，大会提出了相对科学的要求：（1）体育运动指导要更加重视校医的意见；（2）要从根本上考察适合和不适合男女运动的项目，8岁以前，不根据男女性别区别运动项目以及运动量，8岁以后，女生的运动项目及运动量要比男生减少一些；（3）考虑女生特有的生理期，生理期随本人自由，不得强制要求其运动，只要不过度也不禁止其运动；（4）考察有无女生禁忌的运动项目，一般来说，女生和男生相比不适合剧烈的竞技运动以及力量型竞技，从生殖系统的角度考虑，不适合腹压过高的和呼吸过于急迫的运动；（5）考察女生有无必要特别限定运动量，考察有无测定运动量的适当方法等。

### （二）1926年《体育运动振兴令》的运动指导思想

1926（大正15）年3月，文部省训令第3号公布《体育运动振兴令》，当时在学校内外竞技运动显著勃兴，但有些情况有悖于体育运动之目的，如往往仅一部分爱好者从事体育运动，或在运动竞技中只注重胜负，而忽视了应当崇尚的运动精神。因此颁布该令，力促国民合理锻炼，完善国民精神及身体训练。其中涉及体育合理化的问题，要求指导人员指导体育运动时要注意下列三点事项，这些要求既是对普通国民运动而言，也对学校体操科教学具有指导意义。

（1）注意卫生保健、科学运动的问题。“时刻牢记体育运动的目的，以及技能、卫生方面的注意事项，教授正确的知识”；“注意运动场所、运动道具、救急设施等，不能放松对运动损伤的预防”。

（2）关注身心两方面锻炼。要求“进行体育运动指导要致力于运动精神的发扬和德行的培养，重视身体修炼，重视运动普及及运动习惯的养成，体育运动不能只限于少部分人，而要让普通国民实行之。不能陷于一时性的过度运动，要

[1] 水田嘉美，小村渡岐磨，古谷嘉邦，等．从体育政策的角度看体育教师的形象的研究［J］．东海大学纪要体育系，1977（7）：45-54.

致力于养成正确运动的习惯”。在体操、游戏竞技、剑道、柔道、射箭、游泳、赛马、相扑、滑雪、滑冰、登山、远足等多种项目中，提倡哪些体育运动项目及其实施程度如何，要根据运动者的年龄、环境、当地情况、季节适当确定。

（3）注意女子和身体虚弱者的特殊情况。关于女子体育，要求“要选定适合其身心特征的运动项目及实施方法，注意运动时的情绪、服装”。关于身体虚弱者的运动，要“兼顾其体质、体力、精力及其他身心状况，选定适当的运动项目及实施方法，且注意运动量的限定、休息及其他卫生方面的养护”。

《体育运动振兴令》中的运动指导思想也体现了当时体育科学性的倾向。

## 第五节　大正时期军国主义体育的强化

从1918（大正7）年9月到1937（昭和12）年6月的15任日本首相中，有6任为陆海军军人，军部掌握了对政府的控制权。教育体制也逐步“右倾”，教育制度与教育内容中“皇国主义”与“军国主义”的比重大幅增加，学校体育受其影响，军国主义的分量也大幅增加。

### 一、1917年《关于兵式体操的建议案》

1917（大正6）年第一次世界大战正酣，日本设立权威教育调查机构“临时教育会议”作为寺内内阁的咨询机构。该会议曾提出，民众身体健康、体力旺盛，对国家发展至关重要。儿童身体要健全发育，应采用适当方法，目前以“教练”为中心的体育课，已经成为学生不感兴趣的科目之一，学生在很大程度上已被活泼的课外体育活动所吸引。但军方认为，这种风潮违背学生道义，军方进一步提出，文部省目前规定的“教练”，在军事紧急时刻完全没有作用，行政部门、体操教师、学生三方应协力改变这一状况。最简单的方法就是从陆军派遣现役军官，因其精神值得信赖并且可以开展实践性教学，他们大力呼吁振兴兵式体操[1]。

1917（大正6）年12月，临时教育会议向首相提出《关于兵式体操的建议案》，建议在学校教育中实施兵式体操训练：“学校振兴兵式体操，以大大裨补

[1] 水田嘉美，小村渡岐磨，古谷嘉邦，等．从体育政策的角度看体育教师的形象的研究［J］．东海大学纪要体育系，1977（7）：45-54.

其德育，并以资体育，诚乃鉴于帝国教育现状之紧急要务，望速采取适当之措施。”这与1886（明治19）年制定发布《学校令》的森有礼的思想一致，即以兵式体操为手段，彻底实行崇尚武道的体育教育。实施理由是：“诸项美德躬行实践首先须有诚心，诚心源于勇敢气概，勇敢气概很大程度依靠兵式训练。而兵式训练可以增长勇敢气概，勇敢气概则是诸项美德实行的原动力，亦可增长诚心。鉴于我国教育现状，当为不可或缺之要务。”加强兵式训练将有助于达成上述目的。在学校教育中实施兵式体操训练的目的是尽早培养各种“军务之素养”，“军事训练于驯致纪律、服从等良习大有效果……体育上能完成身体之发达，造就强健国民之基础，并启发军事知识技能之一端，与其德育涵养的忠爱心（国民精神即军人精神）一道，可得他日服于军务之素养”。该建议被批准通过，表明日本政府在推进学校军事教育方面达成了共识，并提出了具体的实施方案[1]。

该案提出委员之一的江木千之（1853—1932年）谈到上述方案时说，他曾深入地方学校，发现很多学生不愿吃苦，想法都很“没出息”，精神气魄也很差。对击剑等项目，在学生身上根本看不到古人那种击剑练胆的风采；在赛艇比赛中稍微落后一点，就索性收桨甘拜下风，这种情况比比皆是。很多年轻人外表打扮得相当好，而其精神、气魄很差。考虑到目前及将来的世界形势，振兴兵式体操、提高学生的志气是当前刻不容缓的任务[2]。

《建议案》的目的就是在“一战”后缩减军备，缩短服役期限的形势下，以兵式体操振兴当时纲纪松弛的普通教育，加强学生的军事训练，彻底普及军事思想，可以视作明显的森有礼精神的复活[3]。

1918（大正7）年4月，日本政府再次修改《征兵令》，将1889（明治22）年11月创设的官立、公立小学在职教师六周现役制改为一年现役制，原因是军方认为六周时间太短，试图通过延长小学教师的军事训练时间来加强对初等教育的军事渗透。另外，中等学校以上在校生的缓期征兵改为延期入伍，规定中等学校以上在校生年满20岁就要接受征兵检查，只是允许其延期进入军营，这样适龄的中等、高等教育领域的学生在校期间实则已成为军人。职业教育中的军事因

[1] 臧佩红．日本近现代教育史［M］．北京：世界知识出版社，2010：186.

[2] 今村嘉雄．日本体育史［M］．东京：不昧堂，1970.

[3] 水田嘉美，小村渡岐磨，古谷嘉邦，等．从体育政策的角度看体育教师的形象的研究［J］．东海大学纪要体育系，1977（7）：45-54.

素也在加强。1919（大正8）年6月，海军省下令将商船学校学生统称海军预备生，即准海军军人，归海军教育本部长管辖。1925（大正14）年4月，文部省直辖的商船学校学生被编入海军籍，这与此前1897（明治30）年5月开始的陆军地方幼年学校制度、1933（昭和8）年4月开始的陆军少年航空兵制度一样，都是军方对教育领域的侵占。

## 二、1925年《陆军现役将校学校配属令》

1925（大正14）年之前，各级各类学校事实上已经不同程度地实施了军事训练。1914（大正3）年，文部大臣田良平在文政审议会上关于振兴学校教练作出过以下回答："为了振兴学校教练运动，中等程度以上的学校都安排了现役教官，在校长监督下进行教授。"1923（大正12）年秋至1924（大正13）年夏大约一年时间里，陆军省向陆军卫戍地附近的中等以上学校派遣现役将校进行"指导、援助"，总计451所学校中有415所都有将校派遣获得指导，约占学校总数的92%，其中主要接受军事体操指导的有60所、接受实弹演习指导的有85所、接受军事研究指导的有43所、接受野营指导的有34所、接受马术指导的有95所、接受实弹射击指导的有98所（表3-5）。除上述现役军人的军事训练外，当时还有1128名非现役的预备役及后备役将校下士已经在从事学校教育。

**表3-5 1923—1924年有将校派遣并获得指导的学校数量**

| 接受指导的内容 | 数量（所） |
|---|---|
| 接受军事体操指导的学校 | 60 |
| 接受实弹演习指导的学校 | 85 |
| 接受军事研究指导的学校 | 43 |
| 接受野营指导的学校 | 34 |
| 接受马术指导的学校 | 95 |
| 接受实弹射击指导的学校 | 98 |
| 总　计 | 415 |

文政审议会（1924—1935年）成立之初，文部省召集陆军省、海军省、内务省、农商务省召开五省联合"国民军事教育委员会"，商讨国民军事教育方案。《东京朝日新闻》评论此举称："最近为节约军备而裁军将直接导致国防能

力的减弱，有识之士均深感担忧。军民均认识到国防之基础应由全体国民负担。所以讨论上述国民军事教育方案，实为军事界一大进步。”[1] 1924（大正 13）年 12 月至 1925（大正 14）年 1 月，文政审议会审议通过《振兴学校军事训练的措施》，认为在中等以上学校实施军事训练可以“大大促进学生体育，裨补其德育，并增进国防能力，成为我国现状之紧急要务”。1925（大正 14）年 3 月，文部省与陆军省签署《陆军省、文部省有关军事训练的协议备忘录》，就学校军事训练的具体事宜达成协议，其中规定学校体操科主任由陆军派遣的现役将校担任。

当时恰逢“大正民主政治”时期，自由主义思想的势力很强，另外也是裁军思想喧嚣的时代，产生了诸如“反对军事教育同盟”的组织，因此部分有识之士认为由现役将校在学校进行军事训练的理由不充分。但文部大臣冈田良平和陆军大臣宇垣一成就学校军事训练达成了一致。1925（大正 14）年 4 月 13 日，日本政府公布敕令《陆军现役将校学校配属令》，规定“向官立及公立的师范学校、中学、实业学校、高等学校、大学预科、专门学校、高等师范学校、临时教员培训所、实业学校教员培训所、实业补习学校教员培训所派遣陆军现役将校，对男学生实施军事训练。私立的上述各级各类学校可以申请向其派遣陆军现役将校，大学也可申请向其派遣陆军现役将校”。适用这个配属令的学校包括所有大学、专科学校、高中、初中，其中只有大学是随意的，只对志愿者实施训练。其他学校无论愿意与否，全部强制实施。其目的是锻炼学生身心，提高其资质，即培养国家观念、奉公献身的精神和自由自立的习惯。担负责任，遵守纪律，崇尚协作。树立服从命令的风气，增强体质，鼓舞斗志，培养坚韧不拔的精神。通过进行军事训练，增强国防能力[2]。其意图是通过下大力气加强军事训练，增强由于服役年限缩短而降低的国防能力。

同日，由文部、陆军两省联合发布《陆军现役将校学校配属令施行规程》，并以文部省训令第 5 号公布《陆军现役将校学校配属令施行规程贯彻办法》，并公布文部省下发的《教练教授要目》，规定各年级军事训练的具体内容，包括“单人军训、部队军训”“射击”“指挥法”“战场勤务”“信号旗”“距离测量”“测图”“军事讲话”等。其教材目录除了战术技法的训练以外，没有涉及其他

[1] 东京朝日新闻，1923-04-04.
[2] 今村嘉雄．日本体育史［M］．东京：不昧堂，1970.

内容，完全是军队教育的预备教育。

因此，在上述各种学校结束规定的训练课程后毕业的学生，可按下列规定缩短服役年限：师范学校毕业生，缩短5个月；中学中有一年志愿资格的官办、公立、私立学校毕业生，缩短1年；高中、大学预科以及专科学校毕业生，缩短10个月。

在学校中设立这种陆军现役军官的安排影响深远。上述敕令、训令的颁布实施，标志着学校军国主义教育体制的正式确立[1]。

在初等教育领域，则进一步增加了国定教科书中的军国主义教育内容。1925（大正14）年4月，日本政府公布敕令《陆军现役将校学校配属令》的同时，还规定从同年开始，大学由现役将校讲授军事讲座，听军事课成为义务。日本政府还对社会青年有组织地实施军事训练。1926（大正15）年4月，日本政府设立青年训练所，对16~20岁的男青年进行训练，训练项目中军事训练为400课时，占总课时的50%。主要意图是以军事教育为核心来构筑“战力基础”，以便“完善举国国防”。

可见，该时期的各级各类教育机构中均加强了军国主义教育，尽管当时日本朝野不乏批判之声，但终究未能阻止军国主义教育的体制化。体操和教练的实施是以国家权力为背景，退役下士官的教授方法流于形式，引发了学生的反感和排斥。学校体操课在大多数的小学开展情况较好，但随着年级升高，其实际效果逐步下降[2]。

## 三、大正末期的军事教育反对运动

学校实施军事训练的目的是“振兴军事训练，促进体育”“锻炼身心，提高其资质”“强壮身体，鼓舞斗志”。但中学及师范学校的军事训练依然包括在体操科当中，体操科每周的教学时间并没有增加，因此，实际上随着军事训练的扩充，本来用于体操、游戏及竞技的时间被缩短。在实践中还产生了一个难题，体育专任教师和配属将校哪一方担任体操科主任为宜？体育界对这些问题有相当多的议论，对学校军事训练的新措施评价较差，学生对于这种严重限制创意的形式

[1] 臧佩红．日本近现代教育史［M］．北京：世界知识出版社，2010：188.

[2] 水田嘉美，小村渡岐磨，古谷嘉邦，等．从体育政策的角度看体育教师的形象的研究［J］．东海大学纪要体育系，1977（7）：45-54.

化训练，也缺乏认同感。

因此，大正末期兴起了军事教育反对运动，主体是作为全国性组织不断发展的学生团体——学生联合会、学生社会科学联合会，以此为核心，还有进步教师、文化团体、劳动团体、知识分子等。1923（大正12）年曾发起反对设置“早稻田大学军事研究团”的运动，1924（大正13）年在“学生联合会”基础上，组成全国性组织“全国学生军事教育反对同盟”，以东京都为中心召开演讲会，对文部省提出抗议。进而设置“反军事教育日”，组织散发传单、海报宣传、街头示威游行等多种多样的运动，并在上述大正末期开展的军事教育反对运动中，提出反对军事教育背景下的日本军国主义化。1925（大正14）年，开展反对现役将校学校配属令和实施军事教练的运动[1]。

大正末期的这场军事教育反对运动的背景，既有第一次世界大战后俄国革命进展的影响，也包括日本资本主义走向垄断阶段的劳动运动、农民运动的激化，民主主义思想的普及、普选运动等社会运动高扬等因素的影响。这是大正民主时期划时代的、广泛的国民运动的组成部分。

## 第六节　大正时期课外体育活动与竞赛

进入大正时代之后，学生的课外体育活动有了显著发展。一方面学生对相对枯燥的普通体操、兵式体操不感兴趣，有排斥的倾向，而竞技运动能让学生在自由自在的氛围中自发地积极参与，因而深受学生欢迎。另一方面，1911（明治44）年日本体育协会的创立，对于提升体育运动的组织性发挥了很大作用。1913（大正2）年的《学校体操教授要目》也鼓励学生参加课外体育运动，要求每天上课前和午饭后的休息时间进行简单的徒手体操，规定没有室内操场设备的学校在雨雪天气里可以在教室里做同样的体操。其目的在于补充体操正课时间的不足，和体操科的指导相辅相成，让学生养成良好的运动习惯，于是学校的课外体育活动开始盛行[2]。

[1] 加贺秀雄．对大正末期反对军事教育运动的历史评价［J］．体育学研究，1970，14（5）：23.

[2] 水田嘉美，小村渡岐磨，古谷嘉邦，等．从体育政策的角度看体育教师的形象的研究［J］．东海大学纪要体育系，1977（7）：45-54.

## 一、学生参与的各级体育竞赛

到了大正后期，竞技运动从学生渗透到青少年，并深入国民大众之中，可以说出现了一个竞技运动的时代[1]。

学生的体育活动非常活跃，尤其是两个学校间或者地域内几个学校组织的对抗赛等小规模竞技较为突出。1910（明治43）年到1930（昭和5）年的大正时期，学生创作了大量啦啦队歌、俱乐部歌，与宿舍歌、校歌一起被广为传唱。歌词中充满了霸气和浪漫，极具鼓舞性和慷慨激昂的色彩。有的歌曲体现对战败的懊悔以及期待卷土重来，如第二高中对第一高中的赛艇啦啦队歌："隅田川上激战正酣，日本海乌云密布，将星在这里坠落。满腔悲愤的男儿，咬牙切齿决死复仇。"有的讴歌胜利，如松山高中棒球俱乐部的凯旋歌："荣华的回忆已经消失，隐藏了过去荣光的仇敌，将脆弱的盾牌伏在地面。战败后正在喘息之际，听！胜利的凯歌在天地间回响。"这些体现了当时的学生充满朝气和热情。

欧美近代体育运动传入日本后，以学校为中心开展并逐渐普及，竞技运动在学校范围内得以实施，由于当时在校学生大多出身于士族，从他们当中推选出来作为代表学校参赛的选手，从某种意义上而言，便成了捍卫学校荣誉的战士。其他学生也认为比赛胜负直接关系到学校和个人荣辱，不可等闲视之，便组成啦啦队声援比赛。结果啦啦队之间经常发生冲突，甚至不得不终止比赛，而锦标主义的风习则愈演愈烈[2]。大熊广明认为实际上在日本体育运动观形成过程中，欧美的体育运动之所以能够在日本施行，可以说武士精神也在某种程度上起到了推波助澜的作用[3]。

1924（大正13）年，大分县举办第一次女子体育会，包括小学、高等女子学校、女子师范的体操、游戏、田径、舞蹈、篮球、排球、足球等项目。运动会结束后，50名相关人员和女子师范学校校长山本升一起进行恳谈会，交流了关于服装、女子经期和体育的关系，以及女子体操教授法方面的体操、竞技、游戏的分配等问题。

学校的运动会对于地方社会的体育启蒙能够发挥一定的作用。如1978（明

---

[1] 岛田正士．大正后期大众传播与体育的关系［J］．日本体育学会大会号，1972（23）：533.

[2] 渡边融．武道和西方体育的共存［M］．东京：日本风俗史学会，1968：204.

[3] 大熊广明．学者笔下的日本近代体育史［J］．成都体育学院学报，2000（1）：11-12.

治11）年至1922（大正11）年，札幌农学校一直召开游戏会，深受札幌市民欢迎，因为市民不了解娱乐和体育的方法，以道厅长官为首，显贵绅士、淑女及普通观众挤满了会场，从头到尾观看学生的游戏比赛。这种游戏会“包含文化、文明、教养等各种意义在内，对地方社会的体育启蒙起着很大的作用”[1]。

学生还参加各县的运动大会，如大分县教育会体育奖励会于1916（大正5）年举办了全县体育大会。大会裁判员是县里的教职员和大分联队的将校、下士官，县教育会各郡市支部会及各县市学校的小学生、中学生、青年团员600人出场。1924（大正13）年，中等学校的女学生初次参加，竞赛项目有田径、棒球、剑道、柔道、角力、篮球、排球，在四天时间里，1500名参加选手展开激烈角逐，由此大规模的运动会发展了起来[2]。

学生还参加远东运动会和“明治神宫竞技大会”。1921（大正10）年10月30日至11月3日，在明治神宫外苑竞技场举办“明治神宫竞技大会”，目的是景仰明治天皇的圣德，同时锻炼国民身心，振作国民精神，其举办是以第一次世界大战后世界性的“民粹主义”潮流为背景。竞技项目有田径、水上运动、橄榄球、足球、篮球、排球、曲棍球、网球、棒球、划艇、柔道、剑道、射箭、相扑14类，后来又增设马术、射击、体操、乒乓球、飞行术、拳击、滑雪、滑冰，共计22类。1926（大正15）年6月，在第三次明治神宫竞技大会举办之前，围绕学生是否参加本次大会的问题，文部省和内务省产生了严重意见对立，文部省以前曾以影响学业为由反对学生参加远东运动会，此次又发出训令禁止学生参加明治神宫竞技大会。反对根源在于，以校长为首的有识之士认为竞技运动有如下问题：（1）为了培养少数选手占用过多资源；（2）不考虑学生体质是否合适，使学生身体健康处于自生自灭状态；（3）为取得胜利进行非科学的练习；（4）对竞技的运营管理毫无自觉，研究不足；（5）学业和体育相互矛盾，前段时间有舆论对学生过热运动的现象进行批判[3]。

1926（大正15）年3月8日，文部省以训令第3号公布了《关于振兴体育运动的事宜》，对运动选手的选拔，对抗赛、锦标赛以及类似运动会的举办，提

[1] 奈良冈健三．明治、大正时期北海道大学体育运动的相关研究［J］．体育学研究，1970，14（5）：38.

[2] 平野稔．大分县的体育史研究——大正时期的学校体育［J］．大分大学经济评论，1975，27（4）：53-78.

[3] 岛田正士．从报纸社论看大正时期的体育教育和运动［J］．日本体育学会大会号，1973（24）：41.

出注意事项：运动选手应当身体强壮、操行端正，忠实于学业；运动选手不能通过强制性方法选拔；选拔学校、团体的选手及参加竞技比赛，必须经过其学校校长或管理者批准；运动选手要重视运动精神，行动要光明正大，不拘泥于比赛胜负。关于举办运动会方面的规定是：体育运动团体以及其他各团体举办运动会，要尽量和教育相关者联系，运动会的计划、实施都要有利于教育；学校团体等举办运动会，要互相联络，不要让同一选手重复多次参加比赛；举办运动会，要通盘考虑举办日期、天数、参加地区等，选手啦啦队等不得影响学校教学或者业务等。

## 二、报社主办的体育竞赛

明治时期一些报社曾经举办过体育竞赛，到了大正时期仍旧如此。

1915（大正4）年，《每日新闻社》主办“全国中学校游泳大会”，同年，《大阪朝日新闻》（以下简称“大阪朝日”）举办“全国中学棒球冠军赛”。这个明治末期率先宣传“棒球害毒论”的报社，仅仅几年就转向180度，提出了“通过棒球正确、强壮地培育青少年”这一教育观点，宣传“棒球正道论”。朝日新闻社表示，“我们社会部感到时代对运动竞技要求的迫切感，便大胆进军该领域。朝日新闻社决定举办这次大会，是棒球本身对青年学生身体健康有益，并能展示出竭尽全力战斗的英勇精神”。[1] 当时大阪朝日的社会部部长长谷川如是闲，为了这个全国中学棒球冠军赛，翻译了美国体育运动公司发行的棒球规则，要在这个大赛中展示正确的学生棒球规范。大阪朝日还于1916（大正5）年在鸣尾运动场举办了东西田径对抗赛。此次对抗赛也使用了长谷川翻译的美国业余体育联合会制定的规则。此次大赛正式使用了“田径”这一词汇。

1917（大正6）年4月27—30日，《读卖新闻》主办“奠都纪念车站接力赛”，是从京都三条大桥到东京上野不忍池的赛跑。1924（大正13）年4月1日，《大阪每日》主办的第一届“全国中学棒球选拔赛”在名古屋举办。

此外，盲校等特殊学校也开展课外体育活动，如业间体操、角力、远足、游泳等。1925（大正14）年10月11日，由《大阪每日》主办的关西盲生体育大会在大阪市盲校举行，项目有100米、2人3脚、800米接力、跳远、投铅球、

[1] 西川友之，水谷秀树，大川信行. 关于“第1届全国冠军棒球锦标赛各代表中学选手选拔赛”（大正4年）的设立状况［J］. 日本体育学会大会论文集，1991，42A：110.

拔河等13项，13个学校参加，选手共计138人。此大会在次年改称为全国盲生田径大会[1]。

大正末期以来，各种竞技大会除了极个别情况外，逐渐变成竞技团体主办，此前企业以及单一大学等作为主办者的历史性作用完结了[2]。

## 三、特色夏季体育活动及临海、林间学校

### （一）夏季体育活动

以1920（大正9）年前后为中心，日本兴起夏季体育活动，主要目的是追求体育效果，也赋予了一定的教育意义。其开端是1908（明治41）年东京市精华小学举办的转地修养会，暑假中30多名儿童用4周左右的时间，在群马县妙义山进行呼吸运动、室外运动、沐浴、学科学习等。东京市本乡区的小学从1911（明治44）年开始举办了3次儿童夏季休养团，这两次活动都是让孩子移居到其他地方住宿，当时称作“全殖民”或者“全聚落”形态。

1912（大正1）年由高松市四番丁小学开设的避暑报养所是“半殖民”的先驱。在8月花费大约4周的时间，每天从早上7点到下午6点组织儿童到高松市内的栗林公园，进行深呼吸、运动、午睡等。这种“半殖民”的优点在于可以用较低的成本举办，因此很容易被普及。

1914（大正3）年8月，尚德小学组织5、6年级111名学生进行“夏晓登山”。凌晨4点半集合，上午7点半左右解散。与此同时，京都市内也多次举办名为“早起会”“早安会”的活动。这些活动均把增强体质作为第一目的。为达此目的，编制了体操、游戏、深呼吸、冷水摩擦、静坐、午睡、清洁检查等活动。为确认活动在身体教育上的效果，会期前后及比赛中频繁进行身体检查。

文部省从1918（大正7）年到1923（大正12）年连续进行了6年夏季体育活动的统计调查。根据该调查，1918（大正7）年全国夏季体育活动771次，此后活动数量逐年增加，1920（大正9）年达到2132次，全部府县均举办类似活动。1923（大正12）年又增长到5978次。

这种为改善体质而举办的夏季体育活动，直接参考了欧美从19世纪中期开

[1] 东正雄，北野与一．日本身心障碍者体育教育的历史研究——大正12年至昭和20年的盲人学校体育［J］．日本体育学会大会号，1979（29）：92.

[2] 今村嘉雄．日本体育史［M］．东京：不昧堂，1970.

始盛行起来的“休假聚落”。“休假聚落”在1890（明治23）年前后屡次被介绍到日本。夏季体育活动在很大程度上是一种改善虚弱儿童体质的对策。由于城市儿童整体的虚弱化，也多次举办以城市儿童为对象的夏季体育活动。

当时屡有报告称城市儿童比农村儿童体格差，要求对住在城市非卫生环境的孩子采取改善措施。城市儿童与农村儿童比较，需要帮忙做的家务较少，有更多的自由时间。因此，如何度过暑假是一个值得思考的问题。当时的城市新中层教育意识不断增强，不断思考如何能够更好地培养孩子们，夏季体育活动的兴起与此也是相适应的。所以夏季体育活动的举办原因，不仅仅是为了提高虚弱儿童体质，同时也包含上述原因。夏季体育活动对智育、德育也有好处，可以增加对平时没有机会接触的实地动植物的理解，还培养了容易产生依赖心的中产家庭的孩子的自治精神[1]。

### （二）临海学校与林间学校

1917（大正6）年，大分市的小学校长们为了教授儿童游泳术，提高体育水平，仿照臼杵山内流游泳所设立游泳会，指导市里的500名儿童学习游泳。这样的临海学校在1918（大正7）年以后改由大分市教育会代替，每年主办一次。

大正时代的林间学校分为三类。第一类是利用原野和林间为虚弱儿童和病弱儿童设立的卫生教育、义务教育。如1907（明治40）年，东京下谷保养会在镰仓举办，这是日本林间学校的开端；1917（大正6）年在茅崎设立常设林间学校。第二类是把孩子搬到农村模仿“休假聚落”的做法，也是对虚弱和病弱儿童的教育。其形态有以海为中心的临海聚落，有在原野、森林的林间聚落。第三类是为了保护虚弱和病弱儿童不受肺结核侵害而设立的疗养所[2]。1921（大正10）年，大分市在暑假中利用2周时间主办林间学校，对100名身体虚弱儿童进行培训。这种做法一直持续到昭和年代。受到该县影响，其他郡市开办临海学校和林间学校也在1922（大正11）年左右开始流行起来[3]。

---

[1] 渡边贵裕．大正时期暑假的体育活动［J］．京都大学研究生院，2003（55）：242-243.

[2] 野泽严，梅田利兵卫，等．学校户外教育的历史研究：主要以大正时期的林间学校为中心［J］．体育学研究，1971，15（5）：17.

[3] 平野稔．大分县的体育史研究（大正时期的学校体育）［J］．日本体育学会大会论文集，1975（26）：128.

## 四、其他特色的课外体育活动

凤鸣义塾 1873（明治 6）年设在丹波筱山的私塾，1920（大正 9）年 4 月，由于经费等原因改称兵库县立凤鸣中学校。该校对体育活动较为重视，曾派体育教师到东京参观学习。该校的体育活动，除去体操正课外，还有放课体操、武道、武装行军、无休假的教练、币取演习、棒球、足球、庭球、马拉松赛跑、田径等运动，还召开运动会。虽是在山间荒僻之地，但体育经常能和东京同步进行。大正年间，曾组织 5 年级学生到东京修学旅行，4 年级学生到九州旅行，2 年级学生到香住临海学舍游泳实习 10 天[1]。

明治、大正时期鹿儿岛市的亮城学舍教育，也很有特色。学舍是除了正规学校以外，地方社会为了教育子弟建立的另一种学校，与正规学校一起对青少年进行双重教育。成员分为幼年、青年和年长三类，其教育包括智力锻炼、德育锻炼、体育锻炼三大部分。学舍非常重视体育，从下午 1 点开始，全员参与多种体育项目，有传统游戏“破魔投”“一转身”“投降”等，也有棒球、网球等外来运动。学舍体育的特色是每天集体进行、注重胜负、根据学生发育阶段进行、重视体育对意志的培养，是较为成功的教育案例[2]。

## 五、全国性学生竞技团体的成立

由于参加奥运会、远东运动会与举办明治神宫竞技大会并行，成立各种类别的竞技团体就成了当务之急。在大正时期成立的竞技团体有日本垒球协会（1920）、日本划艇协会（1920）、全国马拉松联盟（1921）、日本足球协会（1921）、日本射箭院（1923）、日本曲棍球协会（1923）、日本水上竞技联盟（1924）、全日本滑雪联盟（1925）、日本田径联盟（1925）、奖健会（1925）、生弓会（1925）、日本女子体育联盟（1926）、全日本业余拳击联盟（1926）。这些业余竞技团体成立后，各项目的学生竞技团体也成立了。大正时期成立的有全国学生水上竞技联盟（大正 10 年 9 月）和全日本学生滑雪联盟（大正 15 年 10 月）这两家。由此来看，主要竞技团体的成立是在进入大正后半期之后发生的事情，

---

[1] 中西征夫，梅木胜，小前毅．大正时期凤鸣义塾的体育教育［J］．日本体育学会大会号，1971（22）：45.

[2] 植屋春见．明治、大正时期麑城学校的体育教育［J］．体育学研究，1970，14（5）：23.

在此之前的竞技会有大日本武德会，是在大学的主持下举办的，但报社主办的也很多。

关于体育运动团体的组织及管理，学校及团体要注意下列各项：组建有关学校体育运动的团体时，学校校长要负责管理；学校的体育运动团体要尽量和学校保持联系；学校以外的体育运动团体，要尽可能和教育相关人员保持联络，做好组织管理。

## 六、学校卫生工作

桥本勇在《儿童的体力和教育效果》中列举了体力养成法的积极途径是体操科和课外体育，消极途径是学校卫生和家庭卫生事项。其中，学校卫生事项包括教室里的换气、采光、室内清洁、桌子、凳子、儿童饮用水、对一些传染病的预防及治疗等。

以福冈县为例。1916（大正 5）年，福冈县的五市小学校长会“关于增强儿童体力的方案”中分别记载关于教师、学校医生、儿童监护人和设备、经费的事项。其中，卫生事项包括召开教师生理卫生讲话会、各市设置专职校医、培养儿童生理卫生观念、注意教室内外卫生、有效处理体检结果、对监护人普及生理卫生思想、鼓励根据身体检查结果进行治疗、经费预算等事项。1917（大正 6）年，福冈县各市小学联合协会就儿童增强体力的实践状况进行报告，如门司市将其分为锻炼和卫生两个方面。卫生方面，需要校长和学校医师协同努力的事项包括针对儿童及其父兄卫生状况进行报告、身体检查时家长监督、传染病预防、日常因病缺席者的深入调查、身体检查结果的利用（表彰发育优良儿童）、身体检查（头发、脸、颈、手、脚）、服装检查，家庭注意事项（便当、睡眠、零食、打扫）等。

另外，福冈县从 1917（大正 6）年左右开始，实施了多种发展体育的措施。这一年，县教育会总结了战后教育调查要项的提案，由 8 项组成。第 2 项与体育相关，“增强体育，强壮身体。一是激发体育兴趣，完善体育设备，重视体操科教学”。1918（大正 7）年，福冈县创办学事调查会，开始理科和体操科调查。体操科调查内容是教授细目和教科课程、体操器械与体育设备设施、进行实地教授调查并讲评。

各校《体育研究录》中的学校卫生，大体与上述情况相同。首先是本乡校的情况，作为积极的体育，包含班级体操、合并体操、早会体操、大运动会、小运动会、自由运动、选手竞技会、徒步竞技、拔河、相扑、游泳、跳跃、合同游戏、远足等。作为消极的体育，包含呼吸机能、营养机能、皮肤机能、排泄机能的养护和卫生救护。

由此看来，当时的日本人认为，学校体育有积极、消极两种方式，积极的方式就是体操科和课外体育，消极的方式就是学校卫生。该时期的学校卫生，就是预防疾病、养护身体机能、卫生环境的整备等，不含身体锻炼的内容。

在对体育的关心日益高涨的背景下，福冈县召开校医、体操教员联合研究会福冈部会，学校卫生与体操科的联系日益加强。县学校卫生主管平山茂树写了《关于学校卫生》的文章，提出以往的学校卫生经常被解释为消极的意思，仅止于建筑物及设备的卫生，或疾病的预防及治疗方面。可是这只是对待病人的第二位做法。为了不受牵连，要强健身体，增强抵抗力，这才是卫生学的本质和目的。并指出身体练习在学校卫生中的必要性。他组织编写的《学校卫生要项》一书包括校舍及设备卫生、教授卫生、增强法（所谓的体育）、疾病预防治疗、其他事项。其中增强法（所谓体育）的内容包括体弱儿童特别教育、林间（开放）教育、休假聚落（海滨、山间）、体操、游戏与竞技、武道、深呼吸与日光浴、冷水摩擦与水浴游泳、远足登山与郊外散步、日常生活（营养、衣服、睡眠）[1]。

## 第七节　大正时期体操科师资状况

1913（大正 2）年《学校体操教授要目》颁布，对学校体操进行调整，改以瑞典体操为主。另外，大正时代竞技运动得到了明显的普及与发展，给学校体操带来很大影响。学校体操科的这些变化，需要培养新的体育教师。1915（大正 4）年，设置东京高师体育科，试图培养与此前不同的竞技运动指向型的体育教师。1925（大正 14）年《陆军现役将校配属令》的颁布，使得陆军现役将校在学校体操科中作为“教练”的指导者占据了重要位置[2]，这是大正时代体操教师队

[1] 大熊广明．关于大正时期小学体育教育和学校卫生的关系：以福冈县为例［J］．鸟取大学教育系学报（教育科学），1984（10）：107-117.

[2] 水田嘉美，井上一男，小村渡岐磨，等．从与明治大正时期体育政策的关系看日本体育教师形象［J］．日本体育学会大会论文集，1977（28）：102．水田嘉美．从体育政策的角度研究体育教师的形象：以明治大正时期为中心［J］．东海大学体育系，1977（7）：45-54.

伍的一大变化。

## 一、嘉纳治五郎与东京高师体操专修科

东京高等师范学校是日本近代培养师资的重要机构，担任该校校长26年的嘉纳治五郎的思想无疑对日本的教师培养具有重大影响。

嘉纳治五郎（1860—1938年）是历经明治、大正、昭和时代的教育家，日本近代体育最强力的推进者，讲道馆柔道创始人，成功为东京争取到1940（昭和15）年第12届奥运会举办权，为日本参加国际奥林匹克竞技大会开辟了道路，在日本体育史上居功至伟。嘉纳十分重视体育，在谈及一般国民的体育时他总是说："古今历史证明，国民体力关乎一国兴衰，当今文明诸国，都在为增进国民体力而竞争，提出各种方法并付诸实施，这是众所周知的事实。"[1]其教育方针为"永远保持远大目标，立志成为对国家社会有用的人才，不拘泥于眼前利益。要忍受艰难，甘愿不自由，培养坚强的意志。家境富裕也决不浪费，养成勤俭朴素的习惯。无论遇到任何逆境也绝不自暴自弃，锻造成为不达目的不罢休的坚韧人物"。

从1893（明治26）年起，嘉纳治五郎任东京高等师范学校校长26年，为日本的师范教育作出重要贡献。在此期间，曾担任3年（明治31年6月—34年5月）的文部省普通劳务局局长。其于1882（明治15）年创办私塾嘉纳塾，一直持续了约40年，向社会输送了三百余名各类人才，对日本教育的影响的确很大。作为体育先觉的嘉纳治五郎在20世纪前半期培养出大批日本体育界优秀人士，包括坪井玄道、永井道明、可儿德、津崎亥九生、二宫文右卫门、大谷武一、野口源三郎、高野佐三郎、永冈秀一、甲佐知定、冈部平太、东口真平、樱庭武、金栗四三、佐藤卯吉、佐佐木、齐藤兼吉等。这些人士都是东京高等师范学校的教官或嘉纳的门生，均深受嘉纳的影响。

东京师范学校创办于1872（明治5）年，是日本近代第一所培养小学教师的学校。1875（明治8）年设中学师范科，培养中学教师。其设有编辑局，承担全国小学新教科书的编写工作，制订小学教学计划并在全国推广，是全国师资培训中心和地方师范学校的典范。1886（明治19）年改为东京高等师范学校。1894

[1] 余建华．嘉纳治五郎与日本柔道的发展［J］．体育文化导刊，2004（7）：60-61.

（明治 27）年 4 月制定《高等师范学校规程》，将高师分为文、理科。1949（昭和 24）年与东京文理科大学、东京体育专门学校和东京农业教育专门学校合并成立东京教育大学，1973（昭和 48）年东京教育大学又与其他学校合并成立筑波大学。

嘉纳坚信，只有依靠好的领导人才能实现真正的体育振兴，因此，其领导的东京高师对体育较为重视。1902（明治 35）年 9 月，将以前断断续续设置的东京高师体操专修科改为“修身体操专修科”，接着于 1906（明治 39）年 4 月改为“文科兼修体操专修科”。除体操之外，还可兼修修身、历史、国语及其他文科学科，修业年限也延长为 4 年。这体现了其远见卓识，即体育不单是“身体”教育，同时也是知情意的教育，体操教师不应只限于技能指导，而要具有作为教师的更广泛的修养。这个文科兼修体操专修科于 1915（大正 4）年改为体育科（特科）。1921（大正 10）年，成为与文科、理科并列的本科。从大正时期到昭和时期，为学校体育教育培养了很多重要人物。

另外，在众多的体育项目中，他认为田径和游泳是学生有兴趣且无论男女都能持续进行的有益项目。在他担任校长的东京高等师范学校，要求全校学生无一例外地参与这两项运动。在千叶县馆山举办的全国高中游泳大赛和埼玉县大宫举办的全国高中马拉松比赛中，东京高师成绩都非常突出。

## 二、大正时期体育教师的来源

日本“二战”前的体育教师来源，分为官立学校出身者、私立学校出身者和试验检定合格者。体操科教师分为体操教师、武道教师（击剑、柔术）、教练教师。大正时期的体育教师培养机构有高等师范学校，如东京高等师范学校（体育科）、广岛高等师范学校、东京女子高等师范学校、奈良女子高等师范学校，文部省体操教员养成讲习会、大日本体育会体操学校、大日本武德会武道专门学校。还有临时的教师培养机构，如第一临时教员养成所、第六临时教员养成所。其教师资格证的类别分为体操、柔术、击剑等类别。据 1916（大正 5）年 3 月 29 日发行的文部省令第 8 号，应该进行检定的学科中，体操分为“体操、击剑、柔术”三部分，这样就出现了只教击剑或柔术的教师。

大正时期的体育教师中，军人的数量比明治时期大为增加。虽然 1919（大正 8）年东京高等师范学校设置体育科，体育教师培养规模有一定程度扩大，但是体育教师培养仍然较弱，对军人出身者的依赖程度很高。1924（大正13）年，文部省学校卫生课体育运动科调查了体操科教员情况，经过对1920（大正9）年1月1日到1924（大正13）年9月20日的体操科教师进行调查，发现公私立学校中体操教师总数2306人，陆海军军人出身者1028人，占到48.9%。这些有军人经历的教师中，具有体操科教师资格证的218人，才占19.3%[1]。

1924（大正13）年3月各校总数，根据“文部年报”，师范学校98所，公立中学校375所，私立中学校91所，公立实业学校654所，私立实业学校86所，总计1304所。与此相比，教师资格证取得者的数量，大正时期可以说是非常低的时代[2]。明治后半期的体操教师，日本体育会体操学校毕业生占压倒性优势。但是，1909（明治42）年，该校由于严格要求高等科的入学资格，致使入学者锐减。其后，大日本武德会武术专门学校设立，击剑和柔道教师的培养制度化，但毕业生数量较少。日本学者根据文部省学校卫生课的调查，统计了1924（大正13）年军人教师所占的比例（表3-6）。

**表3-6　1924（大正13）年8月军人教师所占比例[3]**

| 学校类别 | 体操科教师数量 | | 军人出身者数量 | |
|---|---|---|---|---|
| | N | % | N | % |
| 师范学校 | 208 | 73.1 | 56 | 26.9 |
| 中学校 | 1267 | 50.9 | 614 | 49.1 |
| 实业学校 | 831 | 44.9 | 458 | 55.1 |
| 合计 | 2306 | 44.6 | 1228 | 55.4 |

其中一些军人教师，参加了陆军省与文部省合作开办的特别讲习班，这也是体育教师的来源之一。在全国中等学校教员不足的背景下，为了让多数失去位置的将校获得工作，陆军省与文部省协商决定开办特别讲习班，讲习班毕业后直接可以当中等学校教员。讲习会委托东京高等师范学校开办，每期入学20~30人，经过3个月到1年半的讲习，可以获得中等学校的从业资格证。由表3-7可见，

[1] 安藤丰．大正时期“军官教师”（体操科教师）的尝试［J］．北海道大学教育系纪要，1977（30）：57.

[2] 中村民雄．对大正时期体操教师资格制度的研究［J］．日本体育学会大会论文集，1984（35）：102.

[3] 小村渡岐磨．关于体育（体操）教师形象的变迁：明治至昭和20年［J］．现代社会文化研究，2006（37）：19-28.

在 1930（昭和 5）年以前，半数以上的讲习班都是体操科，且主要集中在大正后半期[1]。

**表 3–7　退职将校中等教员养成一览表**[2]

| 开办年月 | 学科 |
| --- | --- |
| 大正 12 年 10 月 | 体操科 |
| 大正 13 年 1 月 | 体操科、数学科 |
| 大正 13 年 5 月 | 体操科 |
| 大正 13 年 9 月 | 体操科 |
| 大正 14 年 4 月 | 体操科 |
| 大正 14 年 9 月 | 英语科、数学科 |
| 大正 15 年 1 月 | 国语及汉文科 |
| 大正 15 年 4 月 | 体操科 |
| 大正 15 年 9 月 | 数学科 |
| 昭和 2 年 1 月 | 国语及汉文科 |
| 昭和 2 年 9 月 | 体操科 |
| 昭和 3 年 1 月 | 国语及汉文科、地理科 |
| 昭和 4 月 1 日 | 国语及汉文科 |
| 昭和 4 月 9 日 | 体操科 |
| 昭和 5 月 4 日 | 地理及历史科 |

1925（大正 14）年 4 月 13 日，日本政府公布敕令《陆军现役将校学校配属令》，向官立及公立的师范学校、中学、实业学校、高等学校、大学预科、专门学校、高等师范学校、临时教员培训所、实业学校教员培训所、实业补习学校教员培训所派遣陆军现役将校，对男学生实施军事训练，私立的上述各级各类学校可以申请向其派遣陆军现役将校，大学也可申请向其派遣陆军现役将校。自从颁布《陆军现役将校学校配属令》，不仅仅只是将现役将校配置到学校，而且将校

[1] 安藤丰．大正时期“军官教师”（体操科教师）的尝试［J］．北海道大学教育系纪要，1977（30）：57.

[2] 小村渡岐磨．关于体育（体操）教师形象的变迁：明治至昭和 20 年［J］．现代社会文化研究，2006（37）：19–28.

在学校指导军事教练，同时那些“助教”的士官、下士也全部作为教师。从此以后，学校创设了和军营同样的军事教育体系，这是划时代的、标志性的[1]。同时，在实践中产生了一个问题，那就是体育专任教师和配属将校，哪一方应该担任体操科主任。

当时的教育决策部门文政审议会认为，“体操科设置主任时，与其他学科主任相同，由校长认为合适的人担任”。陆军省方面表示，在各学校配属将校根据其技能与德望，能够获得主任位置是我们所希望的，但即使当不上主任，也必须虚心地履行其职务。并告诫说，如果当了主任，则要自我意识到不过是“协调体操科职员的意见，做好校长和该科职员的联络任务”，绝对不能指挥命令该科职员。而在体育界，对学校军事训练的新措施评价较差。

大正时期，女子教育机会增多，1921（大正10）年、1926（大正15）年发行的《中等教育诸学校职员录》，明确规定全国的高等女学校、实科高等女学校的体操科男女教师人数，任课教科数量，任课教科名称等。

在高等女学校，配置体操科女教师的学校比例从1921（大正10）年的56%左右，到1926（大正15）年增加到75%。体操课教员中女教师的比例从1921（大正10）年的45%左右，到1926（大正15）年增加到48%左右。体操科任课教师的任课教科数，女教师只教体操科一个科目的从1921（大正10）年41%左右到1926（大正15）年66%左右，教授包含体操科在内的两个科目的老师从1921（大正10）年40%左右，到1926（大正15）年30%左右。教授包括体操课在内的三个科目的女教师，在1921（大正10）年间大约是20%，到1926（大正15）年是60%左右[2]。

## 三、体操科教师的标准

大正时期对体育教师的要求，虽然囿于史料，我们无法看到国家层面的要求，但可以通过一些学校体育实践开展较好的学校略窥一二。例如，在大正时期学校体育实践开展较好的香西小学，进入大正时期以后，香西小学大力发展学校

[1] 安藤丰．大正时期“军官教师”（体操科教师）的尝试［J］．北海道大学教育系纪要，1977（30）：57.

[2] 掛水通子．关于担任昭和战前的女子高中、职业女子高中的体操教员：以明治后半期至昭和战前的《各中学教职员名册》（1903—1934）和《女子高中、职业女子高中职员名册》（1939年）的分析为基础［J］．日本体育学会大会论文集，2014（65）：78-79.

体育活动，在充实体育设备、整备体操服、注重教材研究等方面取得了一定成果，以体操为中心的学校体育研究较为先进。1918—1921（大正 7—10）年是该校体育活动的高涨期，从全国来的参观者也急剧增加，1921（大正 10）年，该校列出理想教师的五个要点：

（1）人格完善，要求具备这样的特点：爽朗、精神饱满、有爱心、端正的仪容；

（2）充满热诚；

（3）对体操科有见解和自觉，其中包括理论基础修养、教材实地研究、教授法研究；

（4）身体强壮，持有端正的姿态；

（5）职员之间保持和谐关系。

到 1926（大正 15）年，关于体育教师的要求扩充到 29 项，主要事项包括：

（1）有人格的指导者；

（2）热爱体育；

（3）知悉儿童心理、运动心理、运动要领；

（4）具有以身作则的态度；

（5）爱心又有威严；

（6）遵守体育道德；

（7）能着眼于体操、游戏、教练的特质；

（8）指导法创始人；

（9）养成自觉情绪；

（10）热爱运动场；

（11）能制定教育指导方案；

（12）指导方法能够让学生保持兴趣；

（13）适当的活泼的示范[1]。

## 本章小结

大正时期是日本学校体育的新时代。其一，学校体育内容不断充实。有日本

[1] 前田干夫．大正时期学校体育的研究：香西小学体操教师形象［J］．日本体育学会大会论文集，1993，44A：128.

学者认为，明治时期是很长一段时间的“名义上的学校体育”，到大正时期“终于开始实质性的学校体育时代”。1913（大正2）年《学校体操教授要目》公布，瑞典体操在学校体育中获得正式地位，在吸收西方文化的基础上，竞技运动和游戏很盛行。另外，中学及师范学校男生增加击剑和柔术，同时鼓励在课外活动中开展体育运动。从全国范围来看，学校体育的内容都在不断充实。其二，对学校体育的科学性进行反思，竞技运动的盛行也促使人们对学校体育的科学性进行反思。由于竞技运动的风行，后来运动中出现了一些非科学化的倾向，又不得不通过合理化运动予以纠正。反思与纠正的过程，是学校体育不断更新与进步的体现。

大正时期学校体育的另一突出特点是随着国内军国主义体制的加强、军国主义教育的体制化，军国主义体育不断强化。随着教育体制的逐步“右倾化”，教育制度与教育内容中“皇国主义”与“军国主义”的比重大幅增加，军国主义教育不断强化。经过第一次世界大战，很多人深刻认识到“国民的身体健全，体力旺盛对于维持发展国家有很大关系”[1]。学校体育受其影响，军国主义的分量也大幅增加。

1917（大正6）年，颁布《关于兵式体操的建议案》，1925（大正14）年由冈田启介提出《陆军现役将校学校配属令》，次年又提出“青年训练所令”，学校教练在现役教官的指导下实施。这些和1921（大正10）年的缩军问题以及第一次世界大战后的军备现代化相关，可以视为对战时动员力的强化政策。大正年代的学校体育，由于军队的压力，实施了由现役教官教授的兵式教练，现役教官掌握了一定的学校体育权力。体操和教练的实施以国家权力为背景，退役下士官的教授方法流于形式，引发了学生的排斥。学校体操课在大多数的小学开展情况较好，但随着年级升高，其实际效果逐步下降[2]。

实际上大正时期日本体育的近代化建立在两种思想交织的基础上，一种是自明治以来的以体质提高和人的培养为目标的“富强主义”；另一种主张是体育应是以体育锻炼本身为目标，自由愉快地进行的，这是所谓“个人主义”或“自由主义”。这两种主张相互交织，后者因受到大正民主政治的影响而处于优势。

---

[1] 水田嘉美，井上一男，小村渡岐磨，等．从与明治大正时期体育政策的关系看日本体育教师形象［J］．日本体育学会大会论文集，1977（28）：102.

[2] 水田嘉美，小村渡岐磨，古谷嘉邦，等．从体育政策的角度看体育教师的形象的研究［J］．东海大学纪要体育系，1977（7）：45-54.

## 第四章
# 昭和初年至“二战”前的学校体育
# （1926—1936 年）

从 1926（昭和元）年裕仁天皇登基至 1945（昭和 20）年“二战”结束，一般称为昭和时代早期或者前半期。该时期的世界历史风云激荡，第二次世界大战给人类物质财产和生命财产带来了巨大损失。日本国内的法西斯主义兴起，在战争中泥足深陷，为保证战争胜利而形成的战时体制，在一定程度上为日本的战争提供支撑，也深刻影响了日本民众的生活、影响了日本教育包括学校体育的正常发展。昭和时代早期按照历史进程，以 1937（昭和 12）年七七事变为界可分为两个阶段，即 1926—1936（昭和元—11）年、1937—1945（昭和 12—20）年。1926—1936 年这十年，是从半战时体制向战时体制过渡的“瞬息万变”的时代。体育方面经历了 1928 年阿姆斯特丹、1932 年洛杉矶、1936 年柏林三届奥运会，堪称日本“二战”前体育的全盛时代。从学校体育制度上看，是从第一次《改正要目》公布以后到第二次《改正要目》公布之前。从 1931（昭和 6）年到 1936（昭和 11）年，日本挑起或参加了一系列对外战争，国内的军国主义体制随之进一步加强，军国主义教育逐步体制化，学校体育也深受其影响，军国主义特征日益明显。体育最突出的特点是“体育活动从体育形式的合理化体系转变为军国性质的国防体育体系，将偏执的指导理念体制化”[1]。

## 第一节　1926—1936 年学校体育的发展背景

1926 年到 1936 年间，日本从准战时体制逐步向战时体制转变，国内军国主

[1] 井上雅之．昭和初期的日本体育体系相关研究［J］．冈山理科大学纪要，1977（12）：1-13.

义体制进一步加强。在经济方面，“一战”后日本经济慢性萧条，又遭遇世界性经济危机的打击。

## 一、1926—1936年的政治与经济

1927（昭和2）年4月，田中义一组建内阁，他曾历任参谋本部军务局长、参谋次长、陆军大臣、陆军大将，这是日本开始对内实行军事法西斯统治，对外进行侵略扩张的标志。田中上台后，在内外政治上均采用强硬路线。昭和初年到七七事变，日本从准战时体制逐步向战时体制转变并逐步强化。1929（昭和4）年爆发的大危机使民众对追求集团利益的政党政治非常不满，军部的势力急剧增长，本应是负责作战等军务的军令部门与政治的距离日益拉近。陆军“统制派”扩大解释“统帅权独立”而介入政治，强迫政府接受自己的要求。各方力量逐步被军部裹挟，日本在战争泥潭中日益泥足深陷，无力自拔。

1931（昭和6）年九一八事变（日本称“满洲事变”）不久，从国际来看，1933（昭和8）年，德国希特勒组建内阁，次年任德国总统开始独裁政治；意大利的墨索里尼也实行独裁政治，两国都标榜要打破凡尔赛体制，要确立欧洲新秩序，通过露骨的军事行动和侵略外交压制周边各国。1936（昭和11）年3月，广田弘毅组成新内阁，在军部的强大压力下，内阁不仅恢复了军部大臣现役武官制，而且军事预算大幅增加，陆海军都制订了庞大的扩军计划。8月，由首相、外务大臣、大藏大臣、陆军大臣和海军大臣召开“五相会议”商定“基本国策”，宣布要“一方面确保帝国在东亚大陆的地位，另一方面向南方海洋发展”，从而确定发动世界大战、实施“北宁南进”战略的这一基本方向。同年11—12月，日本与德国、意大利先后签订《日德防共协定》《日意协定》，形成国际法西斯主义集团。

日本法西斯主义的发展，大致经过三个阶段，从1918（大正7）年至1931（昭和6）年8月为第一阶段，民间和军内法西斯组织出现并逐渐走向联合；从1931（昭和6）年9月至1937（昭和12）年为第二阶段，军队法西斯化并挑起侵略战争，军部日渐控制政府；此后的1937（昭和12）年至1945（昭和20）年为第三阶段，天皇制法西斯体制确立并最终走向崩溃。在经济方面，第一次世界大战后日本经济始终慢性萧条，政府也采取了紧缩财政政策，但不久，开始于1929（昭和4）年的长达四年的经济大危机扩及世界。持续萧条的日本经济又遭

受打击，很多中小企业破产[1]。到 1936（昭和 11）年，日本很大程度上从萧条中恢复过来，不过从亚洲所获的大量经济收益又投入帝国扩张中，总的贸易平衡仍是赤字，经济增长多是与战争相关的领域，所以经济总体增长几乎没有给国民带来福利[2]。

自犬养内阁开始，军事支出大幅度增加。政府的财政开支中，军费所占比重在 1930（昭和 5）年为 28.4%，1931（昭和 6）年为 30.8%，1932（昭和 7）年增至 35.2%，以后每年均在 38%~40%。这些沉重的军事负担最终都转嫁到日本人民身上。军需的扩大，使以军事为中心的重工业、化学工业畸形发展。从 20 世纪 30 年代起，日本资本主义开始转入重工业阶段。经济军事化过程中，日本政府把民间工业纳入为军需服务的轨道，扶植了一批以军事工业为母体的新财阀。新财阀与军部势力、与殖民扩张政策的联系更密切，形成军阀与财阀的阶级同盟。经过经济军事化，日本的军事力量和装备水平大大提高。至七七事变前，日军各种炮的数量已超过法国接近英美。日本资本主义从其形成伊始，就带有厚重的军事色彩，其最大特点，就是以军事为目的、靠战争而繁荣、从殖民地谋取利益，具有强烈的军事侵略性质[3]。

## 二、1926—1936 年的教育与体育

1926—1936（昭和元—11）年，日本参加或挑起了一系列对外战争，国内的军国主义体制也随之进一步加强。从 1918（大正 7）年 9 月到 1937（昭和 12）年 6 月的 15 任首相中，有 6 任为陆海军军人，军部掌握了对政府的控制权。1936（昭和 11）年 5 月开始恢复陆海军大臣现役武官制。民间军事组织“在乡军人会”不断壮大，1930（昭和 5）年众议院议员中 10%为在乡军人议员。1936（昭和 11）年，该组织成为正式的政府机构，日本民间社会的军事化组织程度进一步加强。在这样的背景下，日本的军国主义教育也逐步实现了体制化。

从 1917（大正 6）年 9 月的“临时教育会议”经 1924（大正 13）年 4 月的“文政审议会”至 1937（昭和 12）年 12 月“教育审议会”，日本教育体制开始呈现明显的“右倾化”特征，即在制度上和内容上均大幅增加了“皇国主义”与

---

[1] 王新生．日本简史［M］．北京：北京大学出版社，2013：181.

[2] 托特曼．日本史［M］．王毅，译．上海：上海人民出版社，2008：376.

[3] 王勇．新编日本通史［M］．杭州：浙江大学日本文化研究所，2004：107.

"军国主义"的比重。学校体育受到影响，也大幅增加了军国主义的比重[1]。

实际上，从大正到昭和，随着国际上现代教育理论的传入，日本的教学思想和教学方法有了很大变化，以儿童的自发活动为中心的呼声很高。此前，以儿童为中心的教育思想就已经介绍到日本，到了大正、昭和时期，上述思想对教育方法带来了巨大影响，自由主义、合理主义、创造主义、自学主义、完人教育、个别教育、乡土教育等一些新主张广泛传播，这些教育主张也给体育教学带来了相当大的影响。从教学内容来看，从号令及示范性的体操转变成富有创意的自主活动型的竞技、游戏；从教学方法来看，从注入式、强制式指导发展成为探究式、启发式的方法。但由于国家从准战时体制向战时体制转变并逐步强化，上述这些由于现代教育理论而导致的教学方面的变化，逐渐因战时体制的强化而被排挤掉。"该时代的体育已经反映出复杂微妙的国际形势，可以看到从民主思想基础向极权主义思想基础起动的征兆"[2]。这是该时期逐渐加强的战争氛围带给学校体育的强烈影响，也是该时期学校体育的突出特征。

## 三、教育及学校体育的管理机构

### （一）历经大正及昭和前期的文政审议会

直属内阁的教育审议机构"文政审议会"从1924（大正13）年4月至1935（昭和10）年12月是"由首相监督，并根据其咨询调查审议振作国民精神、教育方针及其他文政重要事项"的机构。从审议会人员构成、运营方式及其提案的实施力度来看，文政审议会实际上是日本教育改革与发展的决策机构。成员有总裁1人、副总裁2人及委员40余人。文政审议会总裁由首相亲自担任，副总裁中的1人由文部大臣担任，干事长由文部次官担任，这与以前的临时教育会议不同。

文政审议会历时11年8个月，其间提出12项咨询建议，内容涉及从幼儿园到大学的几乎整个教育领域，除《修改学位令》一项未实施外，其余均付诸实施。包括1925（大正14）年、1931（昭和6）年2次修改《师范学校规程》，1925（大正14）年颁布《陆军现役将校学校配属令》，1926（昭和元）年制定

[1] 臧佩红．日本近现代教育史［M］．北京：世界知识出版社，2010.
[2] 今村嘉雄．日本体育史［M］．东京：不昧堂，1970：343.

《幼儿园令》，1926（昭和元）年修改《小学校令》，1926（昭和元）年公布《青年训练所令》，1928（昭和3）年修改《大学令》，1931（昭和6）年修改《中学校令施行教育规则》，1931（昭和6）年公布《大阪帝国大学官制》、增设大阪帝国大学，1935（昭和10）年公布《青年学校令》。

该时期，军方进一步参与教育决策。此前，临时教育会议的36名委员中，有2名军界人员，最初为陆军次官、海军教育本部部长，后改为陆军教育总监部本部长、海军教育本部第一部长。此外，临时教育会议的52名历任委员中，有33人出身士族；而文政审议会的总裁先后由11位首相担任，其中首相田中义一时任预备役陆军大将，最后两任的斋藤实及冈田启介均为现役海军大将；文政审议会刚设立时的委员中，包括3名军界官员，即陆军方面为1名军事参议官、陆军大将与1名预备役陆军中将，海军方面为1名预备役海军大将[1]。

## （二）体育运动审议会

随着大正时期体育运动的兴盛，竞技活动中出现的问题增多，有必要设立一个机构，专门来解决体育运动方法及方向性等问题。虽然1916（大正5）年11月的学校卫生会（大正11年3月废止）、1922（大正11）年的学校卫生调查会等卫生部门已经有所涉及，但是尚无全国规模的体育运动机构。1925（昭和4）年11月27日，文部省训令发体132号设立“体育运动审议会”，由文部大臣担任会长，委员有45名，作为文部大臣的询问机关，它是为审议体育运动的各事项而设立的。该审议会在1939（昭和14）年设立“国民体力审议会”之前，是文部省体育行政的核心部门。

该会发布的四项咨询报告，目的都是要肃清体育界弊端，为体育引领正确方向。分别是1929（昭和4）年《体育运动合理振兴方案》、1931（昭和6）年《体育运动健全施行方法》、1932（昭和7）年《学校体育管理进一步合理化方案》、1937（昭和12）年《国民精神总动员之际体育运动特别实施事项》。1932（昭和7）年3月，该会以文部省训令颁布《关于棒球管理及施行事宜》，针对当时最盛行然而存在弊端最多的棒球运动，指出其运动弊端及指导方法。该审议会到1939（昭和14）年7月“国民体力审议会”成立时废止[2]。

---

[1] 臧佩红．日本近现代教育史［M］．北京：世界知识出版，2010：185.

[2] 今村嘉雄．日本体育史［M］．东京：不昧堂，1970.

## 四、体育运动主事会议

为实现中央和地方的体育行政一元化，1930（昭和5）年8月8日敕令第146号实行《地方运动职员制》，要求全国道府县各设置体育运动主事1人和中央进行联络，以全国统一为目标，负责体育的全盘行政事务。这一制度使中央和地方在全国建立了统一领导体制，全国的体育联系更加便捷。体育运动主事会议，主要负责体育运动实施中的问题、对策，进行实践指导，其主要咨询事项包括1928（昭和3）年《与国民思想善导相关体育运动实施上的留意点》《一般女子体育运动奖励的指导法》，1929（昭和4）年《基于现状体育运动事业体系整备的留意点》，1930（昭和5）年《地方运动振兴上的留意点》，1931（昭和6）年《社会体育振兴上的留意点》，1932（昭和7）年《民众体育普及向上》，1934（昭和9）年《精神坚实普及发达具体方案》，1935（昭和10）年《青少年体育运动更加坚实普及发达具体方案》《学校剑道柔道等实施应当特别留意的点》[1]。

# 第二节　1926—1936年的体操教学目标与教学内容

该时期，体操教学目标逐渐从完善人格、发展身心改为指向军事的目的，体操教学内容方面出现了新体操，1931（昭和6）年剑道、柔道成为必修。

## 一、体操教学目标

从明治到大正，体育往往被理解为对身体的教育，即专门谋求身体的成长发育。明治时期也有像高岛平三郎那样的学者，将体育目标指向身体美的发育、职业能力的形成、人格的修养，但大多数人对体育的认识几乎脱离不了卫生法、健康法，且经常将体操和体育概念混同。

明治、大正时代到1941（昭和16）年前后，学校教授科目称之为“体操科”。这个“体操”的含义并非瑞典体操、德国体操这种狭义的体操，而是几乎和“体育运动”同义的广义概念。从明治20年代开始，体操科教学已经在提倡

[1] 井上雅之. 昭和初期的日本体育体系相关研究［J］. 冈山理科大学纪要，1977（12）：1-13.

以发展身心两方面为目标，虽然在实际中很多人仍是将身体目标作为第一位，但在教学实践中人们逐渐明白不对精神有影响的体育是根本不存在的。作为名词可以有德育、智育、体育之分，但这些都不可能截然分开各自独立存在，人们开始认识到体育必须要通过体操、游戏、竞技等身体活动，对身心带来积极的影响，使人格得到完善。

如当时东京文理科大学的篠原助市教授认为，并不一定“只有身体的匀称发育才是体育的任务”，“脱离了和意志联系的匀称身体”虽然很美，但如果偏重这方面，就很容易步入“身体崇拜”的邪路。关键是，体育原则上“是通过意志而实现身体的形成，世界上不存在脱离意志的身体教育”[1]，这是在明治开化主义影响下对固守生理主义堡垒的体育观的反省。他所说的人格主义体育论在七七事变后，给体育界带来了很大影响。

这一点在 1936（昭和 11）年第二次《改正要目》中体现得尤为明显。在教学目标方面，提出“重视合理的修炼和精神磨炼，以资形成完整的人格，进行集体生活训练”。重视精神磨炼、人格完善，明确提出了要培养学生适应集体生活的能力，有针对性地进行训练。另外，原来的“学生身体发育情况”在修改要目中变为“学生儿童身心发达”，原“学生身体健全”改为“学生儿童身体之健全”。增加了“儿童”与“身心”。提出要“陶冶人格，不留遗憾”，强调通过体育运动进行全人教育。日本学者提出这体现了从“身体培养”的体育论向“身心培养”的人格主义的体育论变化的倾向，是“身心调和的教育”的新体育概念的表现[2]。

大谷武一是大正、昭和时期的体育专家，1914—1920（大正 6—9）年由文部省派出留学欧美，曾任东京教育大学体育学部部长、日本体育指导者联盟会长，其体育思想的演变颇具代表性。昭和初期，即 1937（昭和 12）年之前他主张儿童中心主义，到 1945（昭和 20）年，主张军国主义体育思想，“二战”后则转变为民主体育思想。昭和初期大谷武一提倡，“通过身体活动进行全人教育”，这一体育思想强调了人的兴趣，以人为主体，相对于以前的形式化的、训练式的体操有很大进步。这一思想受大正民主思潮的影响，也深受外国体育的影响，特别是英国体育以及美国的儿童中心主义、欧洲新体操运动的影响。大谷的

[1] 篠原助市．东京文理科大学教育学会［J］．教育学研究，1932，1（8）：907-936.
[2] 井上雅之．昭和初期的日本体育体系相关研究［J］．冈山理科大学纪要，1977（12）：1-13.

儿童中心主义在大正时期很有影响[1]。

大谷思想转变的历程深刻体现着时代烙印，经历了大正民主以及竞技的兴盛，体育界已经认识到体育对身心的重要性，除去发展身体外，还以体育陶冶身心。但是随着军国主义教育体制的形成，教育目的从以人为本，逐步转向以国家利益为本，大谷的思想也随国家意志的转变而发生着变化[2]。

## 二、体操教学内容

### （一）新体操的出现

明治、大正时期，日本体育的主流体系是体操传习所讲师美国人李兰德（G. A. Leland）带来的“轻体操”，后改称普通体操。1913（大正 2）年 1 月 28 日，《学校体操教授要目》颁布，从普通体操开始向林氏（P. H. Ling）的瑞典体操转变。1926（大正 15）年 5 月 27 日，《学校体操教授要目》第一次修改，从瑞典体操开始向含有爱国、军国倾向的德意志杨氏体操（F. L. Jahan）、纳哈特加尔（F. Nachtegall）的丹麦体操转移。比起重视体操合理性、医疗性的瑞典体操，着眼于爱国、锻炼等精神主义的德国体操和丹麦体操，更适用于当时日本的现实情况。此时，在欧洲各国，从古典体操形体中脱胎出新的体操运动——“新体操”（New Gymnastics），从以前的古典形式体操开始向重视人的“感情”和“美”的方向发展[3]。“新体操”或说是“美的体操”“律动体操”“表现体操”，在进入 20 世纪后发展特别快，瑞典体操和德国体操，其主要目标是动作能力、身体协调发育，还有磨砺意志，几乎没有提出将姿态以及动作美作为目标。相对于较为强调意志、锻炼、男子本位的德国体操和较为强调形式合理化的瑞典体操，新体操是以更加自然的、美的动作表现为目标的表现体操，特色包括尊重人的自然性，在自然动作中追求运动法则；将与生活结合的动作合理化；以生理学、解剖学法则及心理学、美学法则为基础；尊重个性，避免千篇一律，自由、自主地开展运动；更加重视动态姿势；重视运动节奏，将断续动作改为连续的、综合的（全身的）、协调的动作；使用音乐。

---

[1] 弘中荣子，前川峯雄．大谷武一的教育思想特别是昭和初期的基础及其界限［J］．体育学研究，1967，11（5）：13.

[2] 坂下玲子．大谷武一的体育观相关研究（2）［J］．日本体育学会大会号，2000（51）：485.

[3] 井上雅之．昭和初期的日本体育体系相关研究［J］．冈山理科大学纪要，1977（12）：1-13.

从 1921（大正 10）年开始到昭和初期，欧洲的新体操（New Gymnastics）被接二连三介绍到日本，其中，影响最大的是尼尔斯·布克（N. Bukh）的体操。给第二次《改正要目》（昭和 11 年）带来影响较大的新体操，则是库努森（K. A. Knudsen）的丹麦体操和高尔霍夫尔（K. Gaulhofer）的自然体操。如果对 1913（大正 2）年《学校体操教授要目》、1926（大正 15）年第一次《改正要目》，以及 1936（昭和 11）年第二次《改正要目》三者进行比较，可以看到其中体操内容的变化。第一次《改正要目》基本是以库努森的丹麦体操教授案为基础。到 1936（昭和 11）年的第二次《改正要目》，运动群的名称虽然有差异，但是教授方案构成要点没有变化。

第一次《改正要目》（大正 15 年）中新增的运动教材，可以看到与库努森的丹麦体操相同的内容，而且该《改正要目》中新分配的 6 个“倒立及转回”教材中，有 4 个运动教材与库努森重复，可见受库努森的影响显著。并且，这 4 个重复的教材在第二次《改正要目》中也继承下来，因此，库努森的丹麦体操对两次《改正要目》都产生了影响。在运动教材中也能看到自然体操的影响，即低年级器械运动中的“游戏化”，在自然体操与第二次《改正要目》中都能看到[1]（表 4-1）。

**表 4-1　大正 15 年《学校体操教授要目》与库努森体操教授案的比较**

| 《学校体操教授要目》 | | 丹麦库努森的体操 | |
|---|---|---|---|
| **導运动** | **（引导运动）** | **A. Introductory Exercises** | **（介绍性运动）** |
| 1 秩序運動 | （次序运动） | 1. Order exercises. | （命令运动） |
| 2 下肢の運動（軽度） | （下肢运动-轻度） | 2. An easy leg exercise. | （简单的腿部运动） |
| 3 頭の運動 | （头部运动） | 3. Neck exercise. | （颈部运动） |
| 4 上肢の運動 | （上肢运动） | 4. Arm exercise. | （手部运动） |
| 5 体の運動 | （身体运动） | 5. Two or one trunk exercises. | （一或两次躯干运动） |
| 6 下肢の運動（強度） | （下肢运动-强度） | 6. A stronger leg exercise. | （加强腿部运动） |

[1] 大川信行．从昭和 11 年改正学校体操教授要目看新体操在小学的影响［J］．日本体育大学纪要，1985（14）：2.

续表

| 《学校体操教授要目》 | | 丹麦库努森的体操 | |
|---|---|---|---|
| **主運動** | **（主要运动）** | **B. Principal or Main Exercises** | **（主要或主要运动）** |
| 1 胸の運動 | （胸部运动） | 1. Span bending. | （跨度弯曲） |
| 2 懸垂運動（第一） | （悬垂运动-第一） | 2. First heaving exercise. | （第一次举重运动） |
| 3 平均運動 | （平衡运动） | 3. Balance exercise. | （平衡运动） |
| 4 体側運動 | （侧身运动） | 4. Latoral exercise. | （日间运动） |
| 5 腹の運動 | （腹部运动） | 5. Abdominal exercise. | （腹部运动） |
| 6 背の運動 | （背部运动） | 6. Dorsal exercise. | （背部运动） |
| 7 行進運動 | （队列运动） | 7. Marching and running. | （行进和奔跑） |
| 8 懸垂運動 | （悬垂运动） | 8. Second heaving exercise. | （第二次举重运动） |
| 9 跳躍運動 | （跳跃运动） | 9. Jumping and vaulting. | （跳跃） |
| 10 倒立と旋回運動 | （倒立和旋转运动） | 10. Agility exercises and game. | （敏捷性练习和游戏） |
| 11ゲームと競技 | （游戏和比赛） | | |
| **整理運動** | **（整顿运动）** | **C. Final Exercises.** | **（最后运动）** |
| 1 下肢運動 | （下肢运动） | 1. Leg exercise. | （腿部运动） |
| 2 体の運動 | （身体运动） | 2. One or two trunk exercise. | （一或两次躯干运动） |
| 3 呼吸運動 | （呼吸运动） | 3. Breathing exercise. | （呼吸运动） |
| 4が解散する | （解散） | 4. Falling out. | （结束） |

### （二）1931 年剑道、柔道的必修

1913（大正 2）年的《学校体操教授要目》规定，击剑和柔术可以在男子师范学校、中学中作为教学内容开展。实际上，击剑和柔术大多是作为课外活动，尚未达到成为正课的地步。1926（大正 15）年 5 月 27 日《改正要目》也同样认可开展击剑和柔术，但也未要求作为必修开展。此时，将击剑及柔术改称“剑道”和“柔道”，历来的武术的“技”被称为武道的“道”，这表明“日本的体育体系在社会情势下，出现了重视精神养成的倾向”[1]。

1928（昭和 3）年 4 月 17 日，文部省训令第 5 号实行以“国体明证，国民精神振作”为基本的文教政策，以此为背景，剑道、柔道被批准为必修教材。1928（昭和 3）年 7 月，在体育运动审议会大会上，决议为“消除偏重智育的弊端，谋求体育普及”，提出“注意传统的武道自不待言，应在广泛范围内的运动项目中取长补短，并且注重精神修养”。1928（昭和 3）年 9 月 28 日，文部省在

[1] 井上雅之．昭和初期的日本体育体系相关研究［J］．冈山理科大学纪要，1977（12）：1-13.

文政审议会中提出《中学教育内容改善》的报告，可以看到“学生身体强健，精神锻炼，青年养成豁达的风气”，这显示出对青年精神培养的重视，可以说是日本精神主义体育论的表现。当时，为了振奋国民精神，那些外来的竞技活动的指导思想都从自由主义、民主主义转变成了国家主义、民族主义，作为民族传统文化的武道自然也会被期望用以振作国民精神。1931（昭和6）年1月10日修改的《中学校令施行规则》第17条改为：体操科包括体操、教练、剑道及柔道、游戏及竞技。关于其理由，同年1月20日颁布的《实行规则改正趣旨》指出：“剑道及柔道是日本固有武道，能够涵养质朴刚健的国民精神，锻炼身心，两者必修其一。由此，武道成为必修，不过武道的内容以及指导方法，此次尚未提出基准，这些要期待五年后的第二次《改正要目》[1]。

师范学校同样如此，1931（昭和6）年以后，在中学校和师范学校中柔道、剑道实际上也是必修课，这一倾向以九一八事变为契机，更加重视日本固有武道的体系化，开始构筑教练和武道体系。体育教育日益与军国主义相联系，以锻炼论、国防论为根本的国防体育体系开始建立。

明治时期，学校教育中意识到女子也要参与运动，女子体育是依据当时理想的“贤妻良母”女性形象背景来选择运动项目的，女子体育教材选择的是不超出贤妻良母规范的内容。从明治时期到大正时期，学校教材没有大的变化。1936（昭和11）年文部省表示要重视日本传统的运动教材，女子薙刀作为正科教材被采纳[2]。

### （三）1936年的第二次《改正学校体操教授要目》

昭和时期的体育体系，军国主义体育论作为指导理念被赋予了重要地位，意味着“以锻炼体系为主轴的军国体育的开始，是向有偏颇的硬直化的体系变化的转移期”[3]。

1913（大正2）年1月28日《学校体操教授要目》制定，1926（大正15）年5月，文部省训令改正《学校体操教授要目》，这时日本的体育体系是“从第一次世界大战以后的军事教练强化策略出发的”，实施《体操教授要目》和《教

---

[1] 今村嘉雄．日本体育史［M］．东京：不昧堂，1970.

[2] 祖山樱．女子体育薙刀教材相关研究——关于十五年战争中与贤妻良母的关系［J］．日本体育学会大会论文集，2017（68）：70-73.

[3] 井上雅之．昭和初期的日本体育体系相关研究［J］．冈山理科大学纪要，1977（12）：1-13.

练教授要目》两者并列的指导体制。第一次《改正要目》公布约十年后，国际国内形势都出现了较大变化，文部省决定再次修改教学要目，1936（昭和11）年6月3日，文部省训令公布了第二次《改正要目》[1]，此要目被视为“二战”前最完善的条例。1926（大正15）年至1936（昭和11）年约10年间，日本走向“右倾化”道路，所以该要目很大程度上受到军国主义的影响。这10年间，欧洲的新体操接连不断被介绍到日本。其中，布克的基本体操在日本有很大影响，对1936（昭和11）年的第二次《改正要目》产生了很大影响，但影响更大的是库努森的丹麦体操和高尔霍夫尔的自然体操。

1936（昭和11）年6月3日，文部省训令第18号再次对《学校体操教授要目》进行修改。第二次《改正要目》提出“学校校长要督促以本《改正要目》为根基，结合《学校教练教授要目》，根据地方情况，制定适切的《教授细目》，促进儿童身体健全陶冶人格”，比第一次《改正要目》的控制倾向加强。第二次《改正要目》相较之前，把“以本《改正要目》为根据”，变为“以本《改正要目》为根基”，即1913（大正2）年的“考虑”（考へ），到1926（大正15）年变成“依据”，现在变成“根基”（基キ），三个层次的统制性越来越强。

**1. 第二次《改正要目》中的教学内容**

第二次《改正要目》中的主要教材有“体操、教练、游戏及竞技，男子师范学校、中学校及男子实业学校加上剑道及柔道，又加上弓道。女子师范学校、高等女子学校及女子实业学校加上了弓道、薙刀”。据此，剑道、柔道、弓道、薙刀这些武道内容明确成为学校体操科内容。这样，该要目的内容体系，由体操、教练、游戏及竞技、剑道及柔道四方面构成，内容不断扩充。

体操内容更为丰富，不局限于德国式、瑞典式、丹麦式等既有流派，强调各取所长并吸收日本传统方法中的优秀成分；“游戏”加上“竞技”，形成了“游戏及竞技”。这是由于外来运动的普及，竞技形式的采用，从以体操为中心的形式体系到采用竞技形式，内容不断扩充丰富。

根据社会状况，教练、武道两个系列有强化的倾向。另外“击剑及柔术”变成了“剑道及柔道”，改变为“道”，是从日本固有的武术形体向武道的竞技形式化发展。该要目使得含有军国思想的国防体育体系变得表面化。

新加入剑道及柔道，这与当时战争的推进紧密相关。1936（昭和11）年的

[1] 学校体操教学要目的改正要点［N］. 文部时报，1937-03-01（575）.

第二次《改正要目》初次明确了剑道及柔道的内容。剑道分基本动作、应用动作、形（二、三年级大刀的形，四、五年级小大刀的形）、演讲（剑道的意义及目的，修行心得，道场心得，练习及比赛心得，通过剑道培养各种德性，剑道技巧，关于刀剑的概念，剑道发展概要）等；柔道分为基本动作、自由练习技巧、形（一年级基本形，二、三年级投形，四、五年级极形）、演讲（柔道意义及目的，修行心得，道场心得，练习及比赛心得，通过柔道培养各种德性，柔道技巧，柔道发展概要）等[1]。

日本在明治时期开始承认学校教育中女子参加运动的必要性，当时理想的女性形象是“贤妻良母”，女子体育教材也是不超出贤妻良母规范的内容。从明治到大正时期，贤妻良母思想一直被普及，所以学校教材没太大变化。1936（昭和11）年，由于国家的战争需求，文部省致力于发展日本传统的体育教材，所以将女子薙刀作为正课教材内容设置，女性体育教材发生变化实则是女子体育的目的发生了变化[2]。

**2. 丹麦体操和自然体操的影响**

从1921（大正10）年到昭和初年，欧洲新体操的传播使人们增加了对以前《要目》体操的不满和批判。其中，尼尔斯·布克的基本体操于1931（昭和6）年以来，迅速渗透到学校体育领域，甚至发展到对《要目》进行改正的地步。但是，布克的基本体操是以青年为对象的矫正体操，在日本的初等教育（小学）中被认为是不合适的，所以对1936（昭和11）年的第二次《改正要目》没有产生影响。体育界认为库努森的丹麦体操和高尔霍夫尔的自然体操是应该替代的体操[3]。

丹麦体操已经对1926（大正15）年的第一次《改正要目》产生了影响，该倾向直到1936（昭和11）年的第二次《改正要目》时也未发生实质性变化。第一次《改正要目》中新分配的6个“倒立及转回”材料中，4个与库努森的丹麦体操重合，这是一个明显的例子。这些重合的运动教材在1936（昭和11）年第二次《改正要目》中也被继承了。因此，丹麦体操连续影响了两次《改正要目》

---

[1] 矢野裕介．关于战时剑道的战术化以及冰上剑道［J］．日本体育学会大会论文集，2017（68）：702.

[2] 祖山樱．女子体育薙刀教材相关研究——关于十五年战争中与贤妻良母的关系［J］．日本体育学会大会论文集，2017（68）：70-73.

[3] 大川信行．从小学体操教材看《学校体操教学要点》（昭和11年修订）对艺术体操的影响［J］．日本体育学会大会号，1984（35）：93.

中的指导法以及运动教材。从1936（昭和11）年《改正要目》来看，新体操的影响是很大的。

**3. 竞技运动的发展**

第一次世界大战结束以后，国际主义、和平主义、民族主义等世界性的思想潮流得到传播。中日甲午战争、日俄战争以及第一次世界大战结束后，日本的国际地位蒸蒸日上，在缩减军备的时代，各国更加认识到国民军事训练对增强战斗力的必要性。日本为了提高国际竞争力，认为有必要提高国民健康状态，于是进一步从国家需求的角度出发，重视竞技活动，以竞技促进国民体力养成及国民精神涵养。在教育当中采用竞技运动的内容是着眼于其身体和精神的效果，认识到竞技运动是锻炼身体和精神的有效方法，也是国民道德教育的一种重要方法，其精神效果包括勇气、功夫、创造性、果敢、忍耐力、自律心等，这也是从欧美考察中得出来的经验。

第二次《改正要目》提出，教学方法和教材分配考虑年龄、性别的分类。教学中要注意运动服装、对胜败至上主义的态度、防止运动时的危险、运动和身体生理的把握等多种注意事项。重视性别差异，表示出对女子体育的关心。该要目一方面体现了战争背景下的体育极权主义方向，对于对抗性、格斗性的内容更加重视，内容增多，并初次明确了剑道及柔道的内容；另一方面科学性也在增强，在方法上考虑学生的发育阶段及性别差异，强调应注意体育教学中发展学生的个性，这是“二战”前日本最完备的《教授要目》。该要目公布当年，正值柏林奥运会举办之年，但由于次年即1937（昭和12）年进入战争状态，无论学校还是社会，体育的正常状态到1936（昭和11）年就戛然而止了。

## 第三节　1926—1936年的课外体育活动

该时期，随着军国主义的逐步深入，学校运动会的军事色彩进一步增强，体现在运动会中的中队教练、武装竞走、模拟战、分列式等内容中。课外体育活动的军事色彩也不断加强，有的学校组织学生进行“起火演习”，为增强学生体质和意志力，有的学校在课外进行耐寒训练，这些与当时国家的军事意图和军事行动的进展相适应。

## 一、高校的课外体育活动

经过大正时期的慢性经济不景气、1927（昭和2）年日本国内金融恐慌以及1929（昭和4）年开始的席卷资本主义世界的经济恐慌，日本国民生活更加贫困。除此之外，作为抵抗运动的劳动运动、农民运动、妇女运动等广泛的国民运动也高涨起来，社会主义思想、运动也有很大的社会影响力。在这样的形势下，高等学校社会科学研究发展的同时，校内行政民主化运动以及学生自治运动在全国也高度组织化的展开。在这样的时代背景下，作为高等学校学生自治运动的一环，校友会运动部的改革理论——大众化论形成了。其主张包括废止运动选手制度，运动部要向大众开放，保障全校学生的竞技自由。当时运动部的预算在财政上占据较高比重，结果少数运动选手花费了较高比例的资金，而且运动选手还独占体育设施、用具，进一步加重了矛盾。

这个运动部改革的大众化理论，是学生自治运动中的一环，其理论核心是提倡保障全校学生的竞技自由，向大众普及竞技运动。昭和初期出现的这种理论，在今日学校中仍具有理论先进性和历史意义。昭和初期的高等学校把运动部活动、鼓励运动竞技作为应对社会科学研究运动、自治运动的策略之一。这次校友会运动部的大众化理论，随着日本法西斯主义的突飞猛进、自治运动的衰退而短命[1]。

高校学生体育活动一直主张“发挥学生自身力量”。东京帝国大学“运动会”是一个具有代表性的组织。东京帝国大学是明治时期高等教育机构中组织课外活动的先驱，其“运动会”的前身是1886（明治19）年设立的学生竞技团体“帝国大学运动会”，直到大正、昭和前期还引领着高校体育运动的开展。帝国大学十分支持“运动会”是因为面临两个重要问题——“如何防止学生疾病”和“如何防止学生左翼化”，即希望学生获得健康的身体和特别健全的思想。基于此，1934（昭和9）年11月，东京帝国大学学生课调查学生生活，发现全体学生每天运动所耗费的时间平均为一小时，但并非所有的学生都定期进行体育运动。

学校当局希望学生增强抵抗疾病的能力。当时，东京帝国大学学生的健康状

[1] 加贺秀雄．论昭和初期高中体育俱乐部的普及化［J］．日本体育学会大会号，1977（28）：104.

况已成为很大的问题。如表4-2所示，“患者数”是学生课设立的“学生健康咨询所”一年的访问人数，1926（大正15）年是3967人，到1933（昭和8）年是17596人，约增加了4.5倍。以全体学生数除患者数，计算患者数占全体学生数的比例，从1926（大正15）年的54%到1933（昭和8）年的213%，增长将近4倍，从一半学生一年一度访问变成了全体学生一年两次访问[1]。

**表4-2　患者数量与全体学生数量关系**

| 时间 | 患者数/人 | 全体学生数/人 | 占比/% |
|---|---|---|---|
| 1926（大正15）年 | 3967 | 7396 | 54 |
| 1927（昭和2）年 | 6284 | 7682 | 82 |
| 1928（昭和3）年 | 11451 | 7820 | 146 |
| 1929（昭和4）年 | | 7893 | |
| 1930（昭和5）年 | 15771 | 8064 | 196 |
| 1931（昭和6）年 | 15086 | 8187 | 184 |
| 1932（昭和7）年 | 15626 | 8190 | 191 |
| 1933（昭和8）年 | 17596 | 8269 | 213 |

不仅有因病休学的学生，甚至还有死亡的学生。因病休学的1932（昭和7）年267名，1933（昭和8）年272名，1934（昭和9）年282名，约占全体学生的5%。死亡人数1931（昭和6）年达到50名，1932（昭和7）年52名，1933（昭和8）年46名，几乎每年都在50名左右。

另外，积极培养学生健康的身体，主要手段就是体育运动，校方想给全体学生提供广泛的体育实施机会。1933（昭和8）年，在运动场旁建成更衣场，1934（昭和9）年，设置篮球、排球场。1934（昭和9）年4月16日“运动会”捐赠25000日元提出新建游泳池的计划。

大学当局所面临的第二个问题是“如何防止学生左翼化”，期待学生“与左翼思想保持距离”。第一次世界大战以后，社会主义思想、共产主义思想等社会运动活跃化，防止学生左翼化成为很大的社会问题。学生批判资本主义，倾向于左翼思想，大学当局担心学生委员会成为与当局对立的组织，因此大力扶植体育

[1] 中泽笃史．大正后期至昭和初期东京帝国大学运动会的组织化过程：注重学生和学校之间的互动［J］．体育学研究，2008（53）：315-328.

运动。左翼学生与“运动会”对立，也与大学当局对立，因此大学当局大力扶植“运动会”，希望靠体育运动来实现学生的精神发达而不是靠左翼化[1]。因此，大学当局出于两种目的，即培养学生健康的身体，同时实现健康的思想与左翼学生保持距离，而鼓励体育运动与“运动会”。

## 二、中学的运动会

自从初次参加奥运会、远东选手权大会后，各种竞技运动项目的竞技团体形成了。伴随体育的兴隆，信州竞技运动在大正后半期到昭和初期，以中等学校运动部为中心开始兴盛起来。课外活动里有棒球、网球，武道等[2]。1916（大正5）年，校内召开田径运动大会，包括 100 米、400 米、投铁饼、投铅球等项目，提高了全校学生的田径热情。

明治末期开始在中等学校进行的联合运动会，由于野球弊害说，于 1915（大正 4）年废止，1917（大正 6）年，根据野口源三郎教谕的提案，以田径为中心重新举办。1913（大正 2）年，召开全信州的田径竞技大会，为 1924（大正13）年参加明治神宫运动会进行了练习。1926（大正 15）年，松本的县营运动场投入使用，举办了第一次县中等学校体育大会。中等学校和小学校的棒球也得到较好的发展空间，大正昭和初期，在全国也占据靠前的地位。

大正末期到昭和初期，作为中等学校的课外活动，近代运动十分盛行。第一高等学校学生在 1919（大正 8）年全国高等学校棒球大会上进入决赛。1933（昭和 8）年，长野商业学校在神宫大会获得优胜。长野中学校的柔道在 1935（昭和10）年的明治神宫大会上全国称霸。1927（昭和 2）年和 1934（昭和 9）年，两所中学分别废止了选手制度，以求体育的普及。

## 三、学校运动会中军事色彩的加强

运动会是学校教育中的重要活动，战前各校普遍都组织运动会。大正时代的中等学校教育运动会集体“游技”很多，体现了大正的浪漫色彩。到了昭和时代，一些运动会的程序就开始附有军事色彩。在一些中学、商业学校、女校的运

[1] 中泽笃史．大正后期至昭和初期东京帝国大学运动会的组织化过程：注重学生和学校之间的互动［J］．体育学研究，2008（53）：315-328.

[2] 松泽平一．信州大正末期昭和初期的初中体育［J］．冈山理科大学纪要，1977（12）：1-13.

动会的程序中都能看到诸如中队教练、模拟战、武装竞走、分列式等活动，可以看到军事色彩增强了。

以资料记载较全的尾道市为例。尾道商业学校为纪念新运动场扩建，于1928（昭和3）年11月举行盛大的运动会，观众两千有余，项目包括国民体操、广播体操、器具体操、丹麦体操、体操自案运动、尾道大厦、模拟战、200米赛跑、团体竞赛、接力、小学选手、租借赛跑、分列式等项目；尾道市立高等女校第三次运动会参观席分区明确，设有男子来宾席、女子来宾席、毕业生及学生保护者席、本校学生控制席、一般观览席、其他校学生席，还设有乐队的休息室、职员家庭席；设立项目见表4-3。还印制了特大字号的秩序册。上午八点半，300名学生伴随着乐队奏乐进入会场。校长致开幕辞，开始表演彩排好的体育活动：一年级的体操，二年级的安维尔合唱、飞镖舞，三年级作为集体“游技”的双打，四年级的古巴舞。体操项目分一年级（甲乙）、二年级（甲）、三年级、四年级以及哑铃（二年级甲）、棍棒（四年级）。教练由二年级和三年级学生表演。其他竞技项目有晒衣竞赛、拖网、绘画竞赛、信件竞赛、造花、家务竞赛等。但是不久后，在1944（昭和19）年，由于四年级学生被“学徒动员”去工厂工作，运动会中止了。

**表4-3　尾道高等女子学校运动会项目**

| 序号 | 尾道市立高等女子学校第三次运动会1913（大正2）年 | | 广岛县立尾道高等女子学校1924（大正13）年 | |
|---|---|---|---|---|
| 1 | 体操 | 1年级 | 联合体操 | 全 |
| 2 | 物干竞争[1] | 2年级 | 赛跑 | 4年级全 |
| 3 | 教练 | 2年级 | 手球 | 2年级 |
| 4 | 混双轮滑 | 3年级 | 冰舞 | 1年级全 |
| 5 | 体操 | 4年级 | 体操 | 3年级全 |
| 6 | 步行竞走 | 1年级 | 投接球 | 4年级 |
| 7 | 合唱 | 2年级运动员 | 撞球竞赛 | 所有补习科 |
| 8 | 足球 | 选手 | 双杠 | 2年级全 |
| 9 | 科尔丁[2] | 4年辅修科 | 棍棒体操 | 4年级全 |

[1] 把衣服晾在晾衣架上的比赛。
[2] 当时日本流行的舞蹈之一。

续表

| 序号 | 尾道市立高等女子学校第三次运动会 1913（大正 2）年 | | 广岛县立尾道高等女子学校 1924（大正 13）年 | |
|---|---|---|---|---|
| 10 | 正常循环 | 1 年级 | 50 米短跑 | 有志 |
| 11 | 体操 | 3 年级 | 惯性耐力 | 3 年级 |
| 12 | 拔河 | 4 年级 | 体操 | 2 年级 |
| 13 | 玉送 | 1 年级 | 女低音舞蹈 | 1 年级 |
| 14 | 标准舞 | 2 年级 | 攻城 | 3 年级全 |
| 15 | 教练 | 3 年级 | 二人三脚送旗 | 2 年级 |
| 16 | 庭球 | 选手 | 浮士德[1] | 所有补习科 |
| 17 | 休息（30 分钟） | | 赛跑 | 3 年级全 |
| 18 | 大弓 | 选手 | 旗体操与夺旗 | 1 年级全 |
| 19 | 哑铃 | 2 年级 | 体育舞蹈比赛 | 4 年级全 |
| 20 | 胡伊波利特舞 | 2 年级 | 小组预选赛（接力赛） | 本校选手 |
| 21 | 篮球 | 3 年级 | 编队 | 3 年级对 2 年级 |
| 22 | 古巴舞蹈 | 4 年级 | （下午） | |
| 23 | 拔河 | 1 年级 | 赛跑 | 2 年级全 |
| 24 | 棍棒 | 4 年级 | 伏尔加赛 | 3 年级 |
| 25 | 绘画竞赛 | 2 年级 | 俱乐部游戏 | 4 年级 |
| 26 | 封信的花色[2] | 3 年级 | 牛津舞蹈 | 2 年级全 |
| 27 | 造花 | 1 年级 | 预赛接力赛 | 小学选手 |
| 28 | 螺旋赛车 | 毕业生 | 音律体操 | 2 年级全 |
| 29 | 教练 | 2 年级 | 仪表 | 1 年级 |
| 30 | 提灯竞争 | 职员 | 上下硬币 | 3 年级全 |
| 31 | 体操 | 2 年级 | 露天赛跑 | 所有补习科 |
| 32 | 竞走 | 选手 | 极速赛跑 | 1 年级全体 |
| 33 | 摇篮步[3] | 3 年级 | 避难竞争 | 4 年级 |

[1] 当时日本流行的舞蹈之一。

[2] 比赛者收到信件，在竞技场内寻找信上写的“物品”，如果“物品”是别人的东西的话就把东西“借”过来。

[3] 左右腿交替跳着走的一种比赛。

续表

| 序号 | 尾道市立高等女子学校第三次运动会 1913（大正 2）年 | | 广岛县立尾道高等女子学校 1924（大正 13）年 | |
|---|---|---|---|---|
| 34 | 家事竞争 | 4 年级 | 马斯鲁卡 | 3 年级 |
| 35 | 徒步竞争 | 小学校选手 | 障碍物竞赛 | 4 年级 |
| 36 | 卡雷尼[1] | 1~2 年级 | 接力赛决赛 | 小学选手优胜旗授予 |
| 37 | | | 残障儿童竞赛 | 1 年级 |
| 38 | | | 电动机跳舞 | 4 年级全 |
| 39 | | | 关所球 | 本校职员 |
| 40 | | | 决赛（接力赛） | 本校选手 |
| 41 | | | 鸟巢 | 3~4 年级助理及毕业生 |

1928（昭和 3）年 10 月尾道中学第 1 次运动会，会场装饰着万国旗，等待开场的学生家长人头攒动。运动项目有准备体操、100 米赛跑、跳高、100 米决赛，近郊青年团 1500 米赛跑、中队教练、全体学生分列式。除了田径项目以外，还有特别引人注目的项目，如武装赛跑，开始时躺着的士兵，和突然响彻满场的起床号一起起跳，迅速武装进入决赛；自行车教练，1、2 年级学生骑车，进行“向左转”“向右转”等简单教练的动作。1935（昭和 10）年创立 10 周年纪念大型运动会内容特别丰富，项目包括准备体操、400 米接力、三人四脚、100 米跑、倒立跑、200 米跑、温特体操、孝敬父母（亲孝行）、200 米跑、赛马、体操、入场式、返还冠军旗 800 米接力预选、拔河、仗夺、奥林匹克（柏林）、大川井、端典接力跑、100 米跑、糖食竞赛、800 米接力跑、柔之型、200 米赛跑、骑马战、祇园祭、武装赛跑、竹马赛跑、障碍物赛跑、400 米接力、中队教练、信号拜借赛跑、100 米接力决赛、珠球比赛、剑舞、自行车竞赛、1500 米接力跑、模拟战、分列式等（表 4-4）。

**表 4-4　尾道中学运动会的项目**

| 序号 | 第一期尾道中学运动会 1928（昭和 3）年 | | 创立 10 周年纪念大型运动会 1935（昭和 10）年 | |
|---|---|---|---|---|
| 1 | 准备体操 | 学生会员 | 准备体操 | 学生会员 |

[1] 当时日本流行的一种舞蹈。

续表

| 序号 | 第一期尾道中学运动会 1928（昭和3）年 | | 创立10周年纪念大型运动会 1935（昭和10）年 | |
|---|---|---|---|---|
| 2 | 百米赛跑 | | 400米接力 | 2年级学生 |
| 3 | 跳高 | | 三人四脚 | 3年级一部 |
| 4 | 100米决赛 | | 百米赛跑 | 各学年选手 |
| 5 | 跳板比赛 | | 倒立赛跑 | 各学年选手 |
| 6 | 三段跳 | | 200米赛跑 | 4年级全体 |
| 7 | 骑马战 | 2年级全员 | 温特体操 | 1年级全体 |
| 8 | 铁饼 | | 亲孝行 | 2年级一部 |
| 9 | 倒立接力竞赛 | 小学生 | 200米赛跑 | 各学年选手 |
| 10 | | | 赛马 | 3年级一部 |
| 11 | 出关 | 2年级学生 | 集体造型体操 | 1年级全体 |
| 12 | 200米短跑 | 2年级全员 | 入场仪式　返还优胜旗 | 小学生选手 |
| 13 | 体操 | 2年级全员 | 800米接力预选赛 | 小学生选手 |
| 14 | 跳远 | | 拔河 | 1、2年级全体 |
| 15 | 初级班接力预选 | 小学生 | 争夺稻草包 | 4年级全体 |
| 16 | 高级班接力预选 | 小学生 | 奥林匹克（柏林） | 5年级一部 |
| 17 | 投铁饼 | | 大川井 | 1年级一部 |
| 18 | 武装赛跑 | | 端典接力跑 | 各学年选手 |
| 19 | 400米赛跑 | | 百米赛跑 | 小学生选手 |
| 20 | 拔河 | 全体成员 | 游戏 | 2年级一部 |
| 21 | 接力赛跑 | | 800米接力 | 各学年选手 |
| 22 | 计算赛跑 | 1年级 | 昼时休息 | |
| 23 | 200米赛跑 | | 柔之型 | 1年级一部 |
| 24 | 野仕合 | 四年级剑道部 | 200米赛跑 | 3年级全体 |
| 25 | 标枪 | | 骑马战 | 2年级全体 |
| 26 | 职员比赛 | | 祇园祭 | 1年级一部 |
| 27 | 800米接力赛跑 | 3、4年级学生 | 武装赛跑 | 4年级一部 |
| 28 | 自行车教练 | 1~2年级骑自行车上学的学生 | 竹马赛跑 | 3年级一部 |

续表

| 序号 | 第一期尾道中学运动会<br>1928（昭和3）年 | | 创立10周年纪念大型运动会<br>1935（昭和10）年 | |
|---|---|---|---|---|
| 29 | 来宾赛跑 | | 障碍赛跑 | 3、4、5年级 |
| 30 | 1500米赛跑 | | 400米接力 | 1年级全体 |
| 31 | 寻常科接力决赛 | 通过预赛的 | 蚁群 | 2年级一部 |
| 32 | 高等科接力决赛 | 决赛 | 中队教练 | 4年级全体 |
| 33 | 1500米赛跑 | 青年团选手 | 借信号比赛 | 2年级一部 |
| 34 | 中队教练 | | 韩风韩式盘式摔跤 | 3年级全体 |
| 35 | 分列式 | 全体学生 | 800米接力决赛 | 小学校 |
| 36 | | | 珠球赛跑 | 来宾及职员 |
| 37 | | | 剑舞 | 2年级一部 |
| 38 | | | 自行车竞赛 | 东日本选手 |
| 39 | | | 1500米短跑 | 学生志愿 |
| 40 | | | 模拟赛 | 5年级全员 |
| 41 | | | 分列式 | 全体学生 |

1933（昭和8）年，有一些中学联合进行起火演习，有的组织五年级学生到福山连队的兵营生活两天。1935（昭和10）年，有的学校组织五年级学生到福山连队进行实弹射击，还有的学校搞阅兵、分列式等具有战时色彩的活动。

## 四、耐寒训练

寒冬训练，是以锻炼身心为目的，在严寒中进行身体训练以强健精神力的一种方法。战前各中等学校都在进行寒冷训练。在尾道商业学校、尾道高等女子学校、尾道中学都是学校教育中很有价值的活动之一。三所学校在1月寒冷期间实施武道寒冬训练10天左右[1]。1月最严寒的时候，进行武道（剑道、柔道、弓道、薙刀等）和游泳等以锻炼身心为目的的活动。从战前的尾道商业学校、尾道高等女子学校、尾道中学三所学校对寒冷训练的记载中可以窥见一二。

尾道商业学校1916（大正5）年左右的寒冷训练，1月时分，从早上5点开

[1] 平松携．中等教育下体育运动的变迁与发展（从尾道市立高中建校至今）[J]．尾道大学经济信息论文集，2009，9（2）：75-120.

始锻炼2个小时。住宿远的人，早上3点就起来，在刺骨的寒风中，等候船长。大家都很冷，光过河就需要1个小时，有时要花2个小时。到学校后进行寒冷锻炼。一个学生回忆1928（昭和3）年尾道县高等女子学校的寒冷训练（弓道），说为期2周的寒冷锻炼也难以忘怀，从很远的地方早起点着灯笼离开家，到了学校天还不亮，黑暗的运动场上只有2、3人跑步，呼出的气息是一条白线，一股冷气喘得透不过气来。

该时期不仅普通学校体育中的战时色彩内容显著增多，就连聋哑学校也是如此。例如，从1930（昭和5）年、1931（昭和6）年左右到国民学校令公布时期，被认为是聋哑学校的体育兴盛期，武道（剑道）从1930（昭和5）年、1931（昭和6）年左右开始被渐次采用，教练也从1935（昭和10）年左右开始变得活跃起来。小学和中学体育交流变得频繁，庭球、田径、相扑、排球、篮球、棒球、创路、弓道等社团活动很活跃。但是排球、篮球及棒球等球技随着军国主义倾向的加强而逐步衰退。

学校体育的目标越发向军事靠拢，但也不排除将学校体育作为追求健康的手段，如石川县金泽市在大正时期以后是全国有名的结核多发地带，死亡率很高。金泽市在昭和初期，除了采取医疗对策以外，还采用开展瑞典体操等一些体育措施来控制死亡率。如石川县体育协会的组织化、设置公共运动场、金泽市内全部小学设置雨天体操场和室外运动场，配备以瑞典体操为中心的器械、器具，鼓励开展竞技运动、冬季滑雪运动，设置保健室、配备太阳灯等。

## 本章小结

1926—1936（昭和元—11）年这十年间，日本处于从半战时体制向战时体制过渡的时期。体育方面经历了1928年阿姆斯特丹、1932年洛杉矶、1936年柏林三届奥运会，是日本“二战”前体育的全盛时代。从学校体育制度上看，是从第一次《改正要目》公布以后到第二次《改正要目》公布之前，该时期学校教育逐渐向军事色彩浓厚的军国主义教育体制发展，相应的学校体育的最突出的特点是“体育活动从体育形式的合理化体系转变为军国性质的国防体育体系，将偏执的指导理念体制化”[1]。

---

[1] 井上雅之．昭和初期的日本体育体系相关研究［J］．冈山理科大学纪要，1977（12）：1-13.

在教学目标方面，提出“重视合理的修炼和精神磨炼，以资形成完整的人格，进行集体生活训练”。重视精神磨炼、人格完善，明确提出了要培养学生适应集体生活的能力，有针对性地进行训练。在教学内容方面，从1921（大正10）年开始到昭和初期，欧洲的新体操被接二连三介绍到日本，影响最大的是尼尔斯·布克的体操。对第二次《改正要目》影响较大的新体操则是库努森的丹麦体操和高尔霍夫尔的自然体操。1931（昭和6）年以后，在中学校和师范学校中柔道、剑道成为必修课。另外，学校运动会中军事色彩加强，同时流行各种耐寒训练。

1936（昭和11）年第二次《改正要目》公布，对于对抗性、格斗性的内容更加重视。内容增加，并初次明确了剑道及柔道的内容，体现了战争背景下的体育极权主义。另外，科学性也在增强，在方法上考虑学生的发育阶段及性别差异，强调应注意体育教学中发展学生的个性，是“二战”前日本最完备的《教授要目》。但是，体育的正常状态到了1936（昭和11）年就戛然而止了。

# 第五章
# 对明治至“二战”前日本学校体育的讨论与思考

在前文讨论基础上，分析“二战”前日本学校体育的特征、发挥的作用与历史地位，思考其学校体育的发展规律、历史教训，以及给中国学校体育的发展带来的思考。

## 第一节　明治至“二战”前日本学校体育的特征

从明治时期到“二战”结束，经历了近 80 年，日本学校体育因明治初期开始的文明开化、学习欧美而表现出科学性的一面。但随着日本军国主义的发展和战争的不断推进，其学校体育日益走向军国主义化，最终沦为战争工具。

### 一、学校体育的科学性特征

“二战”前日本的学校体育具备一定的科学性，这是其积极、进步的一面。

从明治时期开始，日本较为全面地学习欧美学校体育，包括三育并重的教育思想，医学、生理、解剖等学科知识，学校体育制度，体操与球类运动等学校体育的内容，体育师资培养，学生体质监测制度等多方面内容，迅速建立了一套学校体育的制度与内容体系，使日本学校体育自明治时期开始，在诸多方面表现出一定的科学性。如体育教科书中出现的各种教学注意事项、对学校体育的概念、作用等基本理论的讨论，这些已涉及多门学科知识，建立在对多种学科的科学认识之上。从明治时期开始就有日本学者提倡学校体育要让学生养成终身运动的习惯，时至今日，这种观念依然具有重要的现实意义[1]。

第一次世界大战后各国普遍关注身体健康与体育问题，大大推动了体育的科学化进程。十月革命后，苏联建立了一批运动心理学实验室。1922（大正11）年，美国的格里菲斯（C. R. Griffith）出版《运动心理学》，20世纪20年代到30年代德国的体育学位论文中，已涵盖运动医学、生理学、心理学、社会学、经济学、体育统计学等多门学科知识[2]。日本从明治初期开始，就尝试从近代西欧科学的视角进行体育研究，这也曾是体操传习所的使命之一。1923（大正12）年，建成国立“体育研究所”，研究保持国民体力的措施并指导实践。该研究所是体操传习所以来唯一的官营体育专业研究机构，从心理、生理、解剖、卫生等多个视角研究体育运动的体制，这样的国办正式研究机构对于促进日本体育的科学化发展非常有利。

大正时期出版的体育书籍中，较好的运动生理、解剖学著作有22部，运动心理、运动学著作5部，学校卫生、运动卫生著作有50部，这些为学校体育的科学开展奠定了理论基础。在《学校体操教授要目》公布后，九州帝国大学医学部教授樱井恒次郎从解剖学角度研究瑞典体操，给《要目》体操提供科学依据，有助于体育教师深化认识。吉田章信于1916（大正5）年出版《运动生理学》，这是日本最早的通过独自实验并参考诸多外国文献进行比较研究的成果。小笠原道正的《体育生理学纲要》、关正次的《运动解剖生理学》也是较好的著作。

大正时期，各地学校在体育实践中也以解剖学、生理学知识为依据。如香西小学重视研究体育原理，认为发展体育需要研究生理学、解剖学、病理学、心理学、简单治疗法等[3]。鸟取县多次举办体操讲习会，聘请三桥喜久雄、永井道明和樱井恒次郎等著名体育专家举办讲座，讲习会的主要内容是学习《要目》体操，其中包含解剖学和生理学知识[4]，如樱井恒次郎1919（大正8）年4月在鸟取县做过题为《体操的生理学及解剖学基础》的演讲，甚至在会上解剖尸体。

[1] 文部省．普通教育体操游戏调查报告书［R］．1905：33-34.

[2] 谭华．体育史［M］．北京：高等教育出版社，2009：6.

[3] 大熊广明．论樱井恒次郎的体操论对大正时期学校体育教育的影响［J］．日本体育学会大会论文集，1985（36）：89.

[4] 大熊广明．大正时期鸟取县的学校体育［J］．日本体育协会，1996（47）：142.

1913（大正2）年《学校体操教授要目》中，提出15条教学方法注意事项，具备一定的科学性。如提出“体操教学要使学生身体及精神受到陶冶，不应只追求技术的细枝末节”；注意男女性别差异，如“快跑教学应缩短年少学生和女生的距离”；注意因材施教，让很多学生一起运动的同时，“随时留意每个学生的身体及精神发育状况”；注意场地器械的卫生，“体操教室要特别保持清洁，注意要有充分的通风和采光”[1]。1913（大正2）年7月，《小学校令》对该要目施行规则进行部分修改，体现循序渐进原则，“普通小学的体操、军事训练及游戏应从简单动作开始，逐渐提高难度。要区分男女，斟酌其教学内容”。

大正时期由于学校内外体育运动显著勃兴，国民之中也逐渐普及。有些学生和国民不能合理地进行体育锻炼，妨碍了学业或影响了身心健全发育。因此，社会各方面均出现了体育要合理化的呼声，出现科学运动的倾向。1923（大正12）年，“第二次全国学校卫生大会”上，提出学校竞技运动在卫生方面的注意事项，包括预先进行身体检查，根据性别、年龄及体质确定竞技运动项目及强度，要避免过度劳累。根据性别、年龄、体质等决定竞技的种类、强度，指导学生不能过于看重胜败，不能累垮身体[2]。1925（大正14）年第四次全国学校卫生大会，针对在青少年间狂热兴起的竞技运动对学生身体带来的破坏性影响，从医学、保健等角度提出，要考察适合和不适合男女运动的项目。8岁以前，不根据男女性别区别运动项目以及运动量，8岁以后，女生运动项目及运动量要比男生减少一些。要考虑女生特有的生理期，生理期随本人自由，不得强制要求其运动。

1936（昭和11）年6月3日，文部省训令第18号公布了新的《改正要目》，其科学性进一步增强。次年3月，《学校体操教授要旨并改正要点》提出体操不仅要学习运动技术，还要重视合理的身体修炼和精神锻炼，以期达到人格完善，并利于集体生活训练；教学内容不要偏重于德国式、瑞典式、丹麦式等一流一派，应从各国教材中选定适合本国的教材，并且加上本国传统的优势项目。

由于在文明开化中学习欧美先进文化，“二战”前日本学校体育在内容选择、教学原则与方法等方面都展现了其科学性的一面，较之前代其进步及科学性较为明显。

---

[1] 今村嘉雄．日本体育史［M］．东京：不昧堂，1970.

[2] 水田嘉美．从体育政策的角度研究体育教师的形象：以明治大正时期为中心［J］．东海大学体育系，1977（7）：45-54.

## 二、学校体育的军国主义特征

随着日本军国主义体制的形成，“二战”前日本的学校体育体现出明显的军国主义特征。

### （一）学校体育的军国主义倾向始于明治时期

日本的军国主义在明治时期已然形成。明治之初，日本提出“富国强兵”“殖产兴业”“文明开化”三大国策，其中“富国强兵”作为主体国策，深刻影响社会生活的各个方面，学校体育也不可避免地受其影响。在明治初期，日本的“富国强兵”尚可视为一般意义上的强兵追求，19世纪70年代后就成为一种混杂着侵略扩张、军国意义上的“强兵”。

日本史学家井上清提出，在甲午战争（1894—1895年）前军国主义已“强有力地在日本成长起来了”。从幕末、明治初期开始，日本就在策划侵略朝鲜和中国，“强兵高于一切，这是天皇制建立以来的最高国策，国家财政的绝大部分都是直接或者间接的军事费用”[1]。1878（明治11）年至1889（明治22）年，陆军省经费及直接军备费在税出总额中的比例，从16.5%上升到29.6%。从军队实际地位、军费所占比例及对外侵略的意图和实践来看，日本已经是一个军国主义国家。日本下定决心开战，一方面在军事上做直接准备，另一方面也在学校中加强战争教育，明治日本的学校教育实则是日本军国主义教育的初创阶段[2]。

明治中期，随着国家主义教育体制的确立，日本学校体育已属军国主义体育性质。军国主义对学校体育诸多方面都产生了较大影响。1886（明治19）年以后，体操成为必修课程，内容由以前的普通体操为主，变成普通体操与兵式体操并存，课外活动中也兴起兵式“行军”。为加强军事教育，军人可以通过考核进入学校，正规的学校体育师资培养反而在明治中期被弱化。明治时期，军国主义已影响学校体育的目的、体操科的内容、课外体育活动开展以及体操师资培养等诸多方面。随着日军在甲午、日俄两战中相继获胜，军部力量逐渐增强。到20世纪初期，文部省想要调整学校体操科内容居然要与军部“合作”，方案最终也

[1] 井上清．日本军国主义［M］．北京：商务印书馆，1985：124.
[2] 王妍．近代日本学校军国主义教育历程研究［D］．曲阜：曲阜师范大学，2011：2.

要由军部认可，经过数年艰难磋商才将学校体操统一为瑞典式。文部省拥有的对教育的独立管理权受到军部干涉，这就是军国主义的体现——以侵略扩张、穷兵黩武作为立国之本，国家生活中的政治、经济、文化、教育等均从属于扩军备战和对外战争。虽然此时军国主义对学校的影响远未达到“二战”前那般剧烈的程度——学校全部变成兵营，但军国主义对学校体育的影响已初露端倪。

### （二）学校体育的军国主义化

经过明治维新，日本一跃成为资本主义强国，逐步对中国和其他亚洲国家实施侵略，特别是20世纪以后其扩张进程进一步加快，向着军事侵略的罪恶深渊迅速滑落，直到“二战”结束才被迫告一段落。军国主义对日本学校体育的影响在明治以后愈发明显。

从1886（明治19）年开始，兵式体操列入必修课，明治末，武道成为体育课程内容之一。1917（大正6）年，教育部特殊教育委员会建议将学校体操的直接目的确定为军事训练，该委员会经国会批准，发出《振兴体操的建议》，提出学校体操的任务是：“中等学校以上的学生要训练成为具有爱国主义、尚武精神、忠顺和坚强的头脑与身体的人。”1925（大正14）年4月，作战部、教育部召开联合会议后发布《派遣军官进入学校的规定》[1]。

自20世纪30年代开始，日本学校的教育内容、课程设置和教学方法全部军国主义化，学校一切工作均围绕灌输军国主义思想而展开，体育活动也成为战争工具。1937（昭和12）年七七事变后，日本政府宣布进入战争状态，实行战时体制，学校体育内容由此发生很大变化。学校体育课和课外活动塞进大量武道项目。1941（昭和16）年12月，创建“大日本学徒体育振兴会”，以服务战争为原则，在各级国民学校开展军事练习。1943（昭和18）年3月，文部省的《战时学徒体育训练实施纲要》突出单兵作战和特种军事技能训练，把防空演习都纳入学校体育教学内容。到战争末期，学校体育的目的就是培养士兵，学生仅仅从事军事训练，学校变得与练兵场无异。1937年以后的内容虽然不在本书的研究时间段之内，但这段时间是1936年之后的延续，通过简要的叙述能够使我们清晰地看到日本学校体育军国主义化的走向。

---

[1] 阿部生尾，清原安晴，中岛健．日本的法西斯主义、体育和社会［J］．徐刚生，译．体育文化导刊．1993（2）：56-59.

1945（昭和20）年日本战败后，在美国统治下，从战前的军国主义教育转为战后的民主化与自由化教育，学校体育“由军国民主义和极端民族主义的教育工具转为自由主义和个人主义教育”，教学方式上由“划一式”转为“自由式”，发生了历史性转变。但战前的军国主义教育及体育，对学生发展造成的历史教训极为深刻，大搞体育军事化“不但直接或间接地被利用于军事活动，伤害别国人民，也给希望正常从事体育活动的日本国民造成了危害”[1]。

明治时期军部实力尚处在逐步扩大过程中，对学校体育的干涉表现在加入兵式体操、让退役士兵成为体操教师，干涉文部省学校体育内容选择权等方面，军国主义体育尚处于萌芽阶段。经过大正时期，到了20世纪三四十年代，终于走向高潮，走向军国主义的极端，整个学校变成兵营，实行军事化管理，原来的体育项目几乎都被军事项目取代，学校体育完全为军事服务。

明治时期是军国主义学校体育的萌芽时期，大正时期是军国主义学校体育的发展时期，进入昭和前期，军国主义体育进一步强化，到“二战”期间，则彻底军国主义化。这种军国主义体育指向国家的军事侵略需求，呈现出工具主义特征。把学校体育当成扩军备战的工具，而不是为了学生个人的全面发展，完全背离了学校体育的目的。

审视日本过去的历史，其学校体育军国主义特征的形成实则与其军国主义的发展同步，军国主义的学校体育是整个国家军国主义化过程中的一个组成部分。

## 三、学校体育的总体特征：“和魂洋才”

“和魂洋才”是“用日本固有精神将西方文化加以取舍和活用，以发扬日本传统”[2]。擅长吸收外来先进文化是日本文化的突出特点，古代日本依照“和魂汉才”的理念，全方位吸收中国文化。“黑船来航”后，日本将学习目标转向西方，于是“和魂汉才”转变为“和魂洋才”。“和魂洋才”宗旨是在坚持日本固有的传统道德、民族精神的基础上，吸收西方的先进科学技术为其所用[3]。“和魂”的含义在历史上不断变化，最初指“日常或实用的判断力以及处世能力”“生活的智慧”等；在明治前期，19世纪80年代批判欧化主义时主要指传

[1] 聂小虎．日本战时体制下的体育军事化过程［J］．体育文化导刊，2003（6）：60-61.

[2] 迟铁军．“和魂汉才”和“和魂洋才”关系论［D］．长春：东北师范大学，2006.

[3] 张德伟．论“和魂洋才”在日本教育现代化过程中的作用［J］．外国教育研究，1994（5）：8-14.

统的儒家道德、忠孝仁义等；到甲午战争前后则表现为军国主义和“忠君报国”精神；到了“二战”期间，则是指日本军国主义宣扬的侵略亚洲各国的所谓“日本精神”，其内涵伴随着日本的国家追求与国家意志的变化而不断变化。

日本由明治开启的现代化进程中，“和魂洋才”一直是其处理民族文化与外来文化关系的基本原则，贯穿日本整个现代化进程，这一思想方法对于“二战”前以及“二战”后日本吸收西方先进的科技与文化、振兴国家一直起着重要的指导作用。日本无论吸收汉学还是洋学，都始终坚持“和魂”本质，即在吸收外来文化过程中同时保持日本的文化传统，紧密围绕日本的国家追求。

“和魂洋才”思想在幕末已经提出，实际上明治前期还是“洋才”占据主导。到了明治中期，“和魂”与“洋才”在真正意义上并存，但是到了20世纪30年代，进入“二战”期间，“和魂”变得十分突出，而“洋才”的影响在逐渐退却。出于战争目的，学校体育在西方运动项目的基础上，加入了日本传统武道项目，随着战争进程，和战争直接相关的武道项目越来越受重视。实际上，“二战”期间“和魂洋才”中的“洋才”褪色严重，“武道”项目受到极大重视，也是“和魂”突出的表现。

在明治时期的前十几年里，日本强调的是“洋才”，大规模吸收西方文化。19世纪80年代末到20世纪初，民众对政府的“欧化主义政策”越来越反感，对片面强调“洋才”而忽视“和魂”出现了批判声，要求回归传统的民族主义和国粹主义。“于是将日本的思想基调定位在德国国家主义与传统儒家道德的结合点上，从而继续维系‘万世一系’的天皇体制”[1]。在教育领域，日本在明治之初，大规模、全方位学习西方的教育制度与内容，对传统道德有所忽视。明治中期，政府片面强调“洋才”忽视“和魂”的“欧化主义”政策招致越来越多抨击，于是1879（明治12）年颁布《教学大旨》，力图恢复自维新以来被文明开化所埋没的传统儒教道德，以其作为国民的精神支柱。1890（明治23）年颁布《教育敕语》，重申日本教育的目标是培养天皇忠顺的臣民，重视学习富国强兵所需的知识与技能。从此，日本教育开始走上“和魂洋才”的道路，这样的道路既能保证民众“忠君爱国”，又能促进国家现代化。

学校体育也同样经历了“洋才”到“和魂洋才”的变化，是“东洋道德西洋艺”——日本精神、思想文化与西方体育内容的结合体。1886（明治19）年

[1] 迟铁军．“和魂汉才”和“和魂洋才”关系论［D］．长春：东北师范大学，2006.

以后的学校体操均是西方体育内容与日本传统道德观念、武士道精神以及军国主义思想的结合体。到“二战”前，则是西方体育内容、日本传统武道与日本传统道德观念、武士道精神以及军国主义思想的结合体。

“二战”前日本学校体育具有“和魂洋才”的特征，是说学校体育的主要内容，如普通体操、兵式体操、瑞典体操、游戏均源于西方，即“洋才”，而西式内容中深刻体现着日本传统的精神文化，如忠君、顺从、武勇、集体主义、组织纪律性、军国主义等。这种具有“和魂洋才”特征的学校体育最利于为富国强兵和军国主义服务。

当然，此时期并非学校体育的全部内容均源于西方，在西方体育内容之外，一些传统内容也得以保留，如从明治末期开始将柔术、击剑加进体操课，一直到“二战”期间。这也体现了日本文化的一个重要特点，即大量引进外来文化的同时并不完全抛弃传统内容，这也是本尼迪克特在《菊与刀》中所说的日本文化“二重性”形成的原因之一。

越是接近“二战”，武道所占分量越重，“和魂洋才”中“和魂”愈加突出，“洋才”逐渐褪色，这些都是和战争的进展与需求密切相关的。

## 第二节　明治至“二战”前日本学校体育的作用与地位

“二战”前日本的学校体育并非单纯的教育和体育现象，它是日本由弱及强迈入现代化过程中的重要环节，融入了国家走向强大进而走向侵略扩张的过程。学校体育在“二战”前日本文明开化、发展教育、改善国民体质、富国强兵等方面都发挥了重要作用。从明治中期开始，学校体育中出现军国主义萌芽，到昭和初期学校体育与军事捆绑紧密，“二战”期间学校体育直接成为战争工具。到20世纪30年代，日本学校体育发挥作用，主要是在“强兵”方面，是其军国主义的组成部分，越是临近“二战”，这一特征就越明显。“二战”前日本的学校体育在日本崛起的过程中，发挥了不容忽视的作用。当然，日本的崛起到了20世纪30年代的战时体制下，已经是一种带引号的崛起，因为这种对强大的追求是建立在军事侵略、扩张基础上的。

# 一、学校体育的作用

## （一）学校体育是推进文明开化的场域之一

从明治初期开始，学校体育就成为日本推进“文明开化”的重要领域，参与并推动着日本文明开化的进程。

明治初年，日本政府提出“富国强兵”“殖产兴业”“文明开化”三大国策。“文明开化”就是广求知识于世界，以欧美为师全面学习，大力引进仿效西方文明，于是社会中形成了一股强烈的西化热潮。体育也是“文明开化”浪潮中的重要领域，不少西方项目被引入日本。当时全国都以欧美各国的新生事物为时髦，政府为了加快现代化进程也花大力气促进这些新生事物的传播，体育与竞技运动在此过程中得到了全面推广，这对学校和军队都产生了重要作用[1]。

明治时期学校体育课程的主要内容普通体操和兵式体操均引自欧美。1871（明治4）年，明治政府派出以右大臣岩仓具视为首的大型使节团出访欧美11国，学习西方先进文明，设立传习所的关键人物——文部省官员田中不二麿，他正是在随团考察欧美教育制度时接触到了美国体操，进而招聘了美国的李兰多博士，并推动文部省于1878（明治11）年10月开设体操传习所。

体操传习所存在的时代，正是日本大力学习、模仿西方的时期，因此体操传习所从学习内容到制度等许多方面都大力仿效美国。传习所的学习科目、全宿制、缴费制与19世纪70年代美国的师范学校很相似。李兰多教授的普通体操就是美国当时流行的刘易斯体操，一直是明治时期学校体育课的主要内容之一。1879（明治12）年，李兰多仿照美国阿莫斯特·卡莱基·希区柯克的“人体测定”，对传习所、东京师范学校、东京女子师范学校学生实施“活力检查”，这是日本最早实施的学生体格检查，为当今学生体质监测之肇始。体操传习所藏书丰富，其中生理、解剖和体育方面的书特别多，因为其体育是以生理学和解剖学为基础的[2]，当时欧美体育的代表性作品几乎都包括在内[3]，这也要归功于李兰多。李兰多不仅对体操传习所，而且对整个日本近代体育有很大贡献，被誉为

---

[1] 大熊广明．日本近代体育史［J］．成都体育学院学报，2000，26（1）：10-13.

[2] 大熊广明．体操传习所旧藏书内容特别展对身体和游戏的目光——日本近代体育黎明时期的体操传习所（明治11—19年）［J］．筑波大学图书馆报，1999，25（3）：9-11.

[3] 武恩莲．世界体育史［M］．沈阳：沈阳体育学院教务处，1987：35.

“日本体操的恩人”，而这位恩人的到来无疑是文明开化的结果[1]。

从幕末到明治时期，为达到“殖产兴业”的目的，引进欧美先进制度，学习欧美先进的技术学问，明治政府雇用了很多外国人，民间和学校、公司也雇用过很多外国人[2]，其中以欧美人居多，涉及教育、法律、军事、外交、艺术、建筑、交通、医学、各种产业技术等诸多领域，使得西方最先进的各种知识、技术、制度都迅速流入日本。这其中，李兰多是体育方面的杰出代表。除李兰多之外，还有把棒球介绍到日本的美国人赫朗兹温萨，把橄榄球介绍到日本的英国人埃德温特·B·克拉克[3]。

日本近代女性体育的开展也与欧美不无关系。明治时期，日本出现了近代女性解放的思潮。为促进日本女子教育发展，1871（明治4）年7月，文部省颁布《我邦女学制》，次年颁布《学制》，明确提出女子与男子均等接受教育。此后，日本涌现出一些体育新女性，如1900（明治33）年文部省派出第一位女体育留学生井口阿克利到美国波士顿体操师范学校留学，回日后任高等女子师范学校教授，在日本传播瑞典体操，编写女子体育指导法等著作，加快了日本近代女子体育的兴起。

日本明治初期的体育领域，还翻译过不少欧美体育书籍和体育教材。总之，学校体育参与并体现着当时整个社会的文明开化风潮，学校体育的开展也促进了这一风潮的流行。例如，学校举办运动会，使很多学生家长认识到传统的日本服饰不够方便，尤其是不利于运动，于是下决心让孩子改穿西式服装，由此也推动了社会中穿着“洋服”的风潮。到了明治30年代“骑着自行车去打网球”成为社会中最时髦的行为。

### （二）学校体育是近代教育的重要构项

“二战”前日本的学校体育是教育的重要组成部分，包括学校体育在内的教育得到极大重视。

近代伊始，明治政府便将教育定位为国家的大本大略，视为“皇国前途之根本”。明治维新以后，日本教育很快实现了由传统向近代的转变，成为日本社会现代化的强力催化剂和动力源泉。《学制》颁布以后，日本翻译了许多外国教育

[1] 木下秀明．明治体育史中的人物［J］．体育科学，1961，11（6）：306-309．
[2] 梅渓昇．国史大辞典：第2卷［M］．吉川：弘文馆，1980：924．
[3] 教科文组织东亚文化研究中心．关于雇用外国人的材料［M］．东京：小学馆，1975．

著作进行近代教育启蒙，这些几乎都是围绕“智育、德育、体育”的三育主义进行论述的。学校体育作为三育之一，随着日本社会对教育的重视和认识，也逐渐开始得到人们的关注。

在近代教育制度确立初期，许多地方学校在实践中的确曾存在重智育而轻体育的状况。能势修一谈到：“检讨一下明治 10 年代以学制为基础的教育状况，倾向于智育而忽视身体教育、道德、情操教育的情况的确存在。”[1] 今村嘉雄也讲到：“本邦之教育方法，倾向于专门的智育，体育诸术一概闲置，因此使青少年的体力渐弱，不能达到身心两全，这必然会导致国家的衰弱。”[2]

上述日本学者所描述的轻视学校体育（主要内容是体操）的状况，有些人是因为对于作为文明开化内容之一的体操还不能理解、接受，有些人虽然能够认识到学校体育的重要意义，但由于当时的师资、教材都很缺乏，开展体操的基础还很薄弱，即便能意识到其重要性，还是无法在实践中加以实施。

于是在 1877（明治 10）年前后，文部省制定振兴体操的方针，开始对此倾向予以纠正。设立体操传习所、聘请外籍体操教师就是振兴体操的重要途径之一。这是国家层面的体育研究机构和体育师资培养机构，是体育师资培养正规化和学校体育科学化的开始，对于加深人们对体操的理解、在实践中更好地开展学校体育有重要的作用和意义。此后，随着日本对外侵略和战争的发展以及义务教育的进展，学校体育在学校中的实际地位日益提高。尤其是到了明治后期，随着生理学和心理学的发展，人们对体育价值的认识更深刻，因而对体育更为关注。

作为“三育”之一的体育在明治时期的学校教育中已经获得了重要地位，并且文部省、陆军省都从各自的角度出发，对学校体育予以重视和提倡。日本的一些思想家、教育家，包括学校体育在内的体育工作者都已经认识到体育是学校教育的重要组成，体育利于德育和智育的开展。随着明治时期日本义务教育制度的确立、儿童就学率不断提高，加之学校体育课程的必修化，这些都保证了绝大多数少年儿童能接受到学校的体育教育。随着日本政府对富国强兵的追求，赋予了学校体育更多的军事预备教育的期待，尤其是在 1894—1895（明治 27—28）年中日甲午战争、1904—1905（明治 37—38）年的日俄战争中，由于学校体育

[1] 能势修一. 明治体育史的研究：以体操传习所为中心 [M]. 第 2 版. 东京：逍遥书院，1971：50.
[2] 今村嘉雄. 日本体育史 [M]. 东京：不昧堂，1970：343.

有利于进行军事预备教育，军部对学校体育越来越重视[1]。

可以说，和日本明治以前学校教育中缺乏身体教育的状况相比，显然明治以后的学校体育是一种巨大的历史进步，体育已经成为学校教育中极为重要的组成部分。如果与同时代的亚洲各国学校体育相比，也可以看出，日本“二战”前学校体育的地位、作用都是相当突出的。中国台湾体育史专家吴文忠博士也认为：“教育当局对于体育极为重视，各级学校体育的科目与教材，亦随法令的更改变迁多次，明治时代学校体育可谓已有良好的开始。”[2]

大正时期进一步重视学校体育，学校体育设施不断完善。1902（明治35）年前后，瑞典体操被介绍到日本，在1913（大正2）年的《学校体操教授要目》中被列为主要教学内容。当时各校为迅速推广体操，都十分重视设置瑞典体操所需器材。多位知名体育专家频繁到学校进行指导，如可儿德、永井道明、林保吉、樱井恒次郎、三桥喜久雄等[3]。学生体育比赛十分活跃，体育在学生生活中占据重要地位，学生的体育活动非常活跃，尤其是两个学校间或者地域内几个学校组织的对抗赛等小规模竞技较为突出[4]。大规模的学校运动会发展起来了，小学、高等女子学校、女子师范等女子运动会也得到很大发展，此外还有报社主办体育比赛。

昭和时期对学校体育更为重视，该时期教育体制是将学校教育逐渐导向军事色彩浓厚的军国教育体制，“将体育活动从体育形式的合理化体系转移到军国性质的国防体育体系，将偏执的指导理念体制化”，学校体育在教育中的地位越来越突出，但是该时期学校教育中重视体育的出发点是为军事服务。1925（昭和4）年11月27日，文部省训令设立“体育运动审议会”[5]，由文部大臣担任会长，作为文部大臣的咨询机关，是为审议体育运动的各项事项而设立的。这是由于大正时期竞技兴起，竞技活动中问题增多，因此设立专门机构来解决年轻人体育运动的方法等问题。

从明治到昭和前期，学校体育一直是学校教育的重要组成部分。

---

[1] 平本直次．改正小学校体操法：上卷［M］．体操游戏普及会，1907：1.

[2] 吴文忠．日本体育全貌［M］．台北：水牛出版社，1971：3.

[3] 前田干夫．大正时期体操专业的研究：论体操日本化的因素［J］．日本体育学会大会论文集，1995（46）：164.

[4] 岛田正士．大正后期大众传播与体育的关系［J］．日本体育学会大会号，1972（23）：533.

[5] 川上雅之．日本体育体系研究——昭和初期的动向［J］．冈山理科大学，1977（12）：1-13.

## （三）学校体育与国民体质的改善

自明治维新以来，日本人意识到自己的体质与欧美人相比差距较大，于是在营养、体育锻炼、卫生保健、生活方式等方面都采取了有力措施，给改善日本国民体质带来了积极影响，其中学校体育发挥了重要作用。

明治以前，学校教育及社会中都缺少对普通人的身体训练，明治以后，在学校中系统地教授体操，使得少年儿童开始得以普遍接受科学、系统的身体教育，这对青少年学生及儿童的身体发育无疑是极好的促进因素。

日本学者二阶堂公子统计了1900（明治33）年到1955（昭和30）年，7~24岁日本人口的身高、体重、胸围变化[1]。统计结果表明，1900（明治33）年到1955（昭和30）年的55年时间里，除了昭和战后3~4年因为特殊的粮食原因，体格上升趋势出现逆转以及个别年龄段个别数据偶有逆转之外，其余时间的体格指标包括身高、体重、胸围均呈整体上升趋势（表5-1至表5-3）。

以9岁儿童为例。身高方面，1900—1912（明治33—大正元）年，男孩平均身高是115.9cm，女孩平均身高是114.3cm；1913—1926（大正2—昭和元）年，男孩平均身高是116.5cm，女孩平均身高是115.1cm，男女平均身高分别增长了0.6cm和0.8cm；1927—1939（昭和2—14）年，男孩平均身高是118.5 cm，女孩平均身高是117.2cm，男女平均身高分别长高了2.0cm和2.1cm。体重方面，1900—1912年，男孩平均体重是20.9 kg，女孩平均体重是18.4 kg；1913—1926年，男孩平均体重是21.2 kg，女孩平均体重是18.6 kg，男女平均体重是分别增加了0.3kg和0.2 kg；1927—1939年，男孩平均体重是22 kg，女孩平均体重是19.1kg，男女平均体重分别增加了0.8kg和0.5 kg。胸围方面，1900—1912年，男孩平均胸围是57.6cm，女孩平均胸围是55.8cm；1913—1926年，男孩平均胸围是58.3cm，女孩平均胸围是56.1cm，男女平均胸围分别增长了0.7cm和0.3cm；1927—1939年，男孩平均胸围是58.5cm，女孩平均胸围是56.5 cm，男女平均胸围分别增长了0.2cm和0.4cm。可以看到从明治时期到大正、昭和时期，上述年龄段的日本人口其身高、体重、胸围指标都是上升趋势。

[1] 二阶堂公子．小学生、中学生、大学生体质的变化：明治33年至昭和30年（生活科学）[J]．京都府立大学学术报告，1960，3（2）：101-108.

**表 5-1　明治、大正、昭和时期日本 7~24 岁人群平均身高变化情况**

单位：cm

| 年度 | 性别 | 年龄/岁 | | | | | | | | | | | | | | | | | |
|---|---|---|---|---|---|---|---|---|---|---|---|---|---|---|---|---|---|---|---|
| | | 7 | 8 | 9 | 10 | 11 | 12 | 13 | 14 | 15 | 16 | 17 | 18 | 19 | 20 | 21 | 22 | 23 | 24 |
| 1900—1912（明治 33—大正元）年 | 女 | 105.5 | 110.0 | 114.3 | 118.8 | 123.5 | 128.4 | 133.9 | 139.2 | 143.4 | 146.1 | 147.4 | 147.9 | 148.0 | 148.1 | 148.7 | 148.7 | 148.8 | 148.8 |
| | 男 | 106.8 | 111.1 | 115.9 | 120.2 | 124.6 | 128.6 | 133.7 | 139.5 | 146.7 | 152.6 | 156.9 | 158.9 | 159.9 | 160.6 | 160.9 | 161.0 | 161.0 | 161.2 |
| 1913—1926（大正 2—昭和元）年 | 女 | 105.7 | 110.4 | 115.1 | 119.8 | 124.3 | 129.6 | 135.9 | 141.3 | 145.8 | 148.1 | 148.4 | 148.4 | 149.9 | 150.0 | 150.3 | 150.5 | 150.2 | 150.6 |
| | 男 | 107.2 | 111.8 | 116.5 | 121.1 | 125.6 | 129.0 | 135.0 | 141.0 | 148.1 | 154.3 | 158.3 | 160.1 | 161.1 | 161.7 | 162.0 | 162.4 | 162.4 | 161.6 |
| 1927—1939（昭和 2—14）年 | 女 | 106.9 | 112.4 | 117.2 | 121.7 | 126.8 | 132.1 | 138.9 | 143.9 | 148.1 | 150.0 | 151.0 | 151.2 | 151.6 | 151.8 | 152.0 | 152.0 | 151.6 | 151.3 |
| | 男 | 108.9 | 113.7 | 118.5 | 123.2 | 127.6 | 132.0 | 137.5 | 144.0 | 151.5 | 156.5 | 160.8 | 161.6 | 162.6 | 163.1 | 163.5 | 163.6 | 163.7 | 163.8 |
| 1948—1955（昭和 23—30）年 | 女 | 108.0 | 113.8 | 118.1 | 122.9 | 127.5 | 132.8 | 138.4 | 143.4 | 147.3 | 150.7 | 152.0 | 152.7 | 153.3 | 153.7 | 153.8 | 153.9 | 153.9 | 153.6 |
| | 男 | 109.1 | 114.1 | 119.0 | 123.6 | 127.9 | 132.1 | 137.0 | 142.5 | 148.7 | 156.1 | 160.0 | 162.2 | 163.5 | 164.1 | 164.5 | 164.7 | 164.6 | 164.5 |

注：由于第二次世界大战，1940—1947（昭和 15—22）年的相关数据缺失。

**表 5-2　明治、大正、昭和时期日本 7~24 岁人群平均体重变化情况**

单位：kg

| 年度 | 性别 | 年龄/岁 | | | | | | | | | | | | | | | | | |
|---|---|---|---|---|---|---|---|---|---|---|---|---|---|---|---|---|---|---|---|
| | | 7 | 8 | 9 | 10 | 11 | 12 | 13 | 14 | 15 | 16 | 17 | 18 | 19 | 20 | 21 | 22 | 23 | 24 |
| 1900—1912（明治 33—大正元）年 | 女 | 16.9 | 17.0 | 18.4 | 20.1 | 22.1 | 24.3 | 26.9 | 30.4 | 34.3 | 38.7 | 42.0 | 44.9 | 46.7 | 47.6 | 48.2 | 48.5 | 49.4 | 47.5 |
| | 男 | 17.4 | 19.2 | 20.9 | 23.0 | 24.9 | 27.1 | 29.8 | 33.6 | 38.6 | 43.7 | 47.9 | 50.4 | 52.3 | 53.4 | 53.8 | 54.2 | 53.9 | 54.3 |
| 1913—1926（大正 2—昭和元）年 | 女 | 17.0 | 17.0 | 18.6 | 20.3 | 22.4 | 24.6 | 27.5 | 31.4 | 35.9 | 40.3 | 43.5 | 45.6 | 47.1 | 48.6 | 49.2 | 49.2 | 48.9 | 48.9 |
| | 男 | 17.6 | 19.4 | 21.2 | 23.3 | 25.6 | 27.6 | 30.6 | 34.6 | 40.0 | 45.4 | 49.4 | 51.8 | 53.4 | 54.2 | 54.5 | 54.6 | 54.6 | 54.6 |
| 1927—1939（昭和 2—14）年 | 女 | 17.4 | 17.4 | 19.1 | 21.2 | 23.3 | 25.8 | 28.9 | 33.4 | 38.2 | 42.6 | 44.9 | 47.1 | 48.6 | 49.5 | 49.3 | 49.3 | 49.1 | 48.7 |
| | 男 | 18.1 | 19.9 | 22.0 | 24.1 | 26.3 | 28.7 | 32.9 | 36.7 | 42.7 | 47.8 | 51.2 | 53.3 | 54.7 | 55.3 | 55.5 | 55.6 | 55.5 | 55.5 |
| 1948—1955（昭和 23—30）年 | 女 | 18.0 | 19.9 | 21.9 | 24.0 | 26.4 | 29.4 | 33.4 | 37.7 | 41.8 | 45.7 | 48.0 | 49.4 | 49.8 | 50.3 | 50.3 | 50.2 | 50.0 | 50.1 |
| | 男 | 18.6 | 20.5 | 22.5 | 24.6 | 26.7 | 29.0 | 32.1 | 36.7 | 40.7 | 46.8 | 50.7 | 53.3 | 54.5 | 55.1 | 55.4 | 55.6 | 55.6 | 55.6 |

注：由于第二次世界大战，1940—1947（昭和 15—22）年的相关数据缺失。

**表 5-3 明治、大正、昭和时期日本 7~24 岁人群平均胸围变化情况**

单位：cm

| 年度 | 性别 | 年龄/岁 | | | | | | | | | | | | | | | | | |
|---|---|---|---|---|---|---|---|---|---|---|---|---|---|---|---|---|---|---|---|
| | | 7 | 8 | 9 | 10 | 11 | 12 | 13 | 14 | 15 | 16 | 17 | 18 | 19 | 20 | 21 | 22 | 23 | 24 |
| 1900—1912（明治 33—大正元）年 | 女 | 52.9 | 53.9 | 55.8 | 57.4 | 59.2 | 61.1 | 63.7 | 66.9 | 70.2 | 73.1 | 74.9 | 76.7 | 77.6 | 78.1 | 77.4 | 77.2 | 77.0 | 77.1 |
| | 男 | 54.0 | 55.9 | 57.6 | 59.6 | 61.4 | 63.1 | 65.7 | 67.8 | 70.9 | 74.3 | 77.2 | 79.1 | 80.5 | 81.3 | 81.7 | 81.7 | 81.8 | 81.3 |
| 1913—1926（大正 2—昭和元）年 | 女 | 52.5 | 53.2 | 56.1 | 58.0 | 59.8 | 62.2 | 65.0 | 68.6 | 71.7 | 74.2 | 76.1 | 77.5 | 78.5 | 79.2 | 79.2 | 79.0 | 79.1 | 79.0 |
| | 男 | 54.0 | 56.3 | 58.3 | 60.2 | 62.0 | 64.0 | 66.1 | 68.8 | 72.2 | 75.8 | 78.6 | 80.4 | 81.7 | 82.4 | 82.7 | 82.9 | 83.0 | 82.8 |
| 1927—1939（昭和 2—14）年 | 女 | 52.9 | 54.7 | 56.5 | 58.4 | 60.4 | 63.0 | 66.2 | 69.8 | 72.9 | 75.2 | 76.5 | 77.6 | 78.4 | 78.2 | 78.2 | 78.0 | 78.1 | 78.0 |
| | 男 | 55.0 | 56.6 | 58.5 | 60.4 | 62.3 | 64.4 | 66.6 | 69.9 | 73.9 | 77.5 | 80.1 | 81.7 | 82.9 | 83.3 | 83.4 | 83.6 | 83.7 | 84.0 |
| 1948—1955（昭和 23—30）年 | 女 | 56.3 | 58.2 | 59.9 | 61.9 | 64.3 | 67.5 | 71.0 | 74.3 | 77.0 | 78.8 | 80.0 | 80.3 | 80.8 | 81.0 | 81.0 | 81.0 | 80.9 | 80.6 |
| | 男 | 56.2 | 58.2 | 60.0 | 61.8 | 63.6 | 65.4 | 67.5 | 70.1 | 73.6 | 77.3 | 80.1 | 82.0 | 82.7 | 83.2 | 83.6 | 83.8 | 82.8 | 84.0 |

注：由于第二次世界大战，1940—1947（昭和 15—22）年的相关数据缺失。

明治时期学校体育的发展，先于社会中一般民众体育的开展以及奥运会等高水平竞技体育的开展，因此在明治时期的体育发展中，学校体育一直处于龙头地位，发挥了先行、带头作用，是明治时期日本整个社会中体育的主要成分。因此，随着教育的发展，尤其是义务教育的发达，入学率极大提高，越来越多的儿童得以在学校中接受体育教育，这对改善日本国民体质发挥了较大作用。

日本学者臼井雅男认为，日本人身高增加主要是由于生活方式的影响，即坐法的变化和肉食带来的营养变化[1]。以前日本人的坐法是压迫下肢的，而自从明治《学制》公布以后，普通家庭和社会场合及学校都使用椅子，以前被压迫的下肢获得了极大解放，这对处于发育期的青少年儿童起到了很好的作用。明治以前，受佛教思想影响，日本人很少吃肉。随着文明开化，西方思想的传入，肉食开始普及。他没有讲到体育运动的作用，但实际上除上述因素之外，体育运动的因素也应当考虑在内，尤其是对于普遍在学校接受体育教育的青少年和儿童来讲，体育的因素尤为重要。

如体操讲习所主管伊泽修二在《新设体操法的成绩报告》[2] 中曾指出，根

[1] 臼井雅男．明治初期日本人身高变化的研究（其中之一）[J]．体育学研究．1958，3（1）：168.
[2] 文部省第 7 年年报 [N]．体操讲习所年报：387.

据对东京女子师范学校、东京师范学校以及体操传习所学生的体操锻炼进行调查，发现练习体操的成效极为突出。学生练习体操后，食量、肺活量、胸围、上臂围和下臂围、握力、力量、身高都增加了，而体重减少了，学生活力增加促进了其学业进步。于是他得出结论："我们能够明确这种体操法带来的成绩，即促进食量增加，补充身体能量；促进肺活量提高，排出体内毒素，补充充足的氧气；促进肌肉生成，增加力量；排除体内多余的脂肪，防止身体肥胖；体力愈加旺盛，疾病益发减少；心力越来越强大，越来越能促进学业进步。"上述结论是建立在对文部省几所直属学校学生的较大范围的较科学、权威的调查基础之上，因此得出的结论较有分量[1]。

另外，前述的日本学者二阶堂公子认为体格指标上升的主要原因是服装变化、饮食结构变化、预防医学、保健体育学四方面。他指出了体育因素的作用，这是比较符合客观实际的，尤其对于青少年来讲，学校体育既传授体育知识和技能，也培养体育锻炼的意识和习惯，加强了对体育的科学认识，这对学生走出学校、走向社会以后积极进行体育锻炼有着积极影响。

### （四）是实施"富国强兵"核心国策的重要举措

"二战"前日本最主要的国家追求是"富国强兵"，而学校体育是对学生进行军事预备教育和改善国民体质的重要手段，这些均有助于增强军事实力，因此学校体育成为"富国强兵"特别是"强兵"的重要举措之一，为日本民族崛起、实现军事扩张的国家利益发挥特定作用，具有不容忽视的地位。

自明治维新以来，日本教育的进步极大促进了经济发展，而学校体育作为教育的重要组成部分，大大改变了以前日本教育中缺乏身体教育的传统，对青少年的身体发展起到了良好推动作用。学校体育发展与社会需要、生产发展密切相关，自明治开启近代化进程以来，日本经济迅速走向工业化，由此带来环境污染、贫困、工厂劳动环境恶劣等状况，造成各种疾病滋生。工业化社会也极大改变了人们的生产方式与生活方式，带来身体的不均衡发展。而学生在学校中接受体育教育，为其走向社会奠定了身体基础和体育锻炼的基础。学校体育对于促进现代工业人才的身体发展及知识、心理与精神的全面进步发挥了重要作用，从人

[1] 木下秀明．明治时期学校教育对体操的看法：主要以普通体操和军事体操的形成过程为中心［J］．体育学研究，1957，2（6）：235-246.

力资源角度对“富国”发挥作用。

从明治时期开始，体育已被视为“国家富强的基础”。如明治时期的学者认识到由于生产方式和生活方式的变化，必须要重视体育的发展，如“随着世界越来越进步，脑力劳动越来越多，而体力劳动方式在减少，生产生活中体力付出不足，城市居民如果不出来呼吸新鲜空气，享受阳光，我们的身体就会越来越弱。……国民和国家都是如此，重视体育就能强盛，蔑视体育就会衰弱，这是自然的结果，因此体育是国家富强的基础”[1]。再如，1908（明治41）年武田文三郎说：“随着世界文明的进程，生活不再如同昔日那样悠悠闲闲，每个人都在努力于自身的工作，必须具有适应各种工作的体力。目前，我国正与海外列强进行文明竞争，单是致力于‘学理’是不够的，身体锻炼、使身心均衡发展才是竞争的基础。”[2] 所以，在明治时期，随着产业革命的进程，生产方式和生活方式的变化，以学校体育为中心的近代体育为人的全面发展及国家富强打下了重要的身体基础。

“富国强兵”是自明治时期开始的日本近代化过程中最主要的国家追求，如果说“强兵”是其最热烈的追求似乎并不夸张。

在“二战”前，日本对外侵略的两翼是“教育与军备”[3]。学校体育既是其对外侵略之一翼——教育的不可分割的组成部分，也是其强化军备、利于对外扩张的重要手段。从明治时期开始，日本奋起直追，努力缩短与欧美列强之间的差距，为实现富国强兵、扩张国权的目的，人种改良、民众健康、营养、体育等凡能增强体质的措施均得到空前重视，“反映了日本朝野人士富国强兵的决心之大”。学校体育通过体育课程中的兵式体操、课外活动的行军等内容使学生具有军人般强健的身体、顽强的意志，忠顺、信爱、威重的气质，并且严守纪律，这些都是成为军人必备的素质。“军国民体育”成为这一时期日本体育的核心，“而这一不正常的体育形态，培养了大量的日本军国主义所需要的盲目追随者”[4]。

“二战”前的日本人认为，体操科对于“护国”能发挥重要作用，要“不断加强体育作为护国之根基”。如《国民体操法》中，对体操科发挥的作用讲得很

[1] 永井道明．家庭体操［M］．东京：东京发行所，1910：3-6.
[2] 武田文三郎．学校游戏的理论及实际［M］．京都：隆文馆，1908：2-3.
[3] 臧佩红．日本近现代教育史［M］．北京：世界知识出版，2010：66-67.
[4] 本多雄治．清末民初日本武文化对中国影响［D］．广州：暨南大学，2006：17.

明确，即天皇陛下给臣民的圣谕说，一旦有紧急情况，众臣民皆要义勇奉公，如此才是天皇的忠实臣民。教育工作者如何奉行圣意呢？他们认为向国民普及“护国”精神是最好方式。“我国在（甲午）战争中取胜后，享有极高荣誉，成为世界各国虎视眈眈之一大新生强国，为保住此强国的体面，使国运日益昌隆，一旦敌我之间发生冲突，国民就要拿起武器，栉风沐雨，不避瘴疠之地，跋涉崇山险河，忍耐寒暑饥渴，冒着百难，排除万障，刚毅英果，志气豪迈，舍生忘死。所以，对于体育有很大的必要进行研究。因此凡体操科必须做到使学生身体健全、精神快活；气概旺盛，养成胆力；遵守纪律，养成能协同一致的精神。……对于目前的形势要有高度觉悟，我帝国的教育者须臾不可缺少‘护国’之精神，要不断加强体育作为护国之根基”[1]。

1886（明治19）年《学校令》以后，将作为军事预备教育的兵式体操正式引入中小学校成为必修课一直持续到“二战”结束，课外活动中兴起各种“行军”，模仿军队模式磨炼身心，师范学校实行军事化管理，越来越多的军人进入学校成为体操教师，学校体育为强兵发挥了越来越大的作用。日本通过中日甲午战争首次体验对外战争，国民意识开始萌生，民众的身体被视为支撑国民国家的身体[2]。日俄战争前后，学校体操科开始被视为军事训练的一部分。因日俄战争时，陆军使用了大量未教育兵，蒙受较大损失。军部痛感征兵前进行军事教育的必要，希望文部省以后在学校教育中通过体育课和体育活动达到军事训练效果。此后，兵式体操就直接为军事教育服务了。随着军部实力日益增强，对学校体育的干预程度也越来越强。20世纪初文部省重新选定学校体育内容，最终方案由军部认可，新采用的瑞典体操，更利于进行军事教育。

通过学校体育课程的内容，也可以看到学校体育重视军事内容，体现了为军事服务的目的。

1903（明治36）年茨城县立中学校教师佐佐木亀太郎出版的《竞争游戏最新运动法》，内容包括个人竞走之部和团体竞走之部，其中团体部分有三分之一的游戏都带有模拟作战的军事性质，如步兵战争、骑兵战争、炮兵战争、工兵战争、辎重兵战争、传令竞走、军舰竞走、海战等[3]。通过模拟作战的游戏，促

[1] 加藤广吉．国民体操法［M］．东京：森井爱之助，1896.

[2] 松浪稔．日俄战争与“少年”的身体：以明治时期的教科书和杂志文章为中心开展分析［J］．日本体育学会大会号，1999（50）：800-801.

[3] 佐佐木亀太郎．竞争游戏最新运动法［M］．1903：3-4.

进学生对于军事战争的了解与熟悉，加强军事意识。

1906（明治39）年山口县萩明伦小学校训导田中俊甫为小学编写了《学校用兵式体操书》，分为步兵操典和体操教范两部分，其中体操教范分为徒手体操和器械体操。我们通过其目录可以看到兵式体操的主要内容，这些内容表明兵操就是为了对学生进行军事预备教育[1]。《学校用兵式体操书目次》步兵操典，包括基本教练，其中包括各个教练、徒手教练、执铳教练（铳的操法、铳剑着脱、装填、抽出弹药、射击、执铳行进、袭步及突击）、散兵教练（行进及停止、射击）；小队教练，除去队列外，其中也包括铳的操法及铳剑的着脱、叉铳及解铳、装填、射击等；中队教练，除去队列外，铳的操法、方阵、射击、铳剑突击、射击；附录则是“军刀的持法”。

日本自1937（昭和12）年卢沟桥事变至1945（昭和20）年8月15日无条件投降，一直处于战争之中。1937（昭和12）年8月24日，出台《国民精神总动员实施纲要》，10月成立“国民精神总动员中央联盟”，12月文部省颁布《国民精神总动员之际体育运动实施相关之件》，提出国民精神总动员体制下的体育运动宗旨，即“依靠身心一体的锻炼，为国家使命培养人才”。政府体育政策以统一国民精神为目标，力图强化以军国思想为基础的国民意识，这直接决定了“二战”期间日本体育发展的方向。1938（昭和13）年4月1日《国家总动员法》公布，8月2日，颁布《体育运动实施相关要件》，体育运动作为锻炼身体和精神，实现举国一致、坚忍持久、进取必胜以及磨炼忍耐困苦的精神的最佳手段，成为国家战略中的一个重要组成部分。

也就是说，日本的战时体育是依据1937（昭和12）年8月国民精神总动员而体系化，是在军事体制下构筑的，这是将1873（明治6）年开始的日本的“体操科”改为“体练科”的原动力。国民精神总动员下的体育政策是作为军事对策而存在的，在这样的军事目的下，大正时期的一些自由教育的实践被大大削弱，军事教练和武道被强化实施[2]。

从以上分析可见，学校体育在富国强兵中的作用，大体可以归结为以下几个方面：一是增强学生（未来国民）体质，为未来的国民建设国家打下身体基础；二是通过体育使学生增强军人意识、培养军人精神、锻炼如同军人的身体、进行

---

[1] 田中俊甫．学校用兵式体操书［M］．东京：萩响海馆，1906：1-8.

[2] 井上雅之．昭和初期日本体育体系相关研究［J］．冈山理科大学，1976（12）：1-13.

军事技术训练，是军队的预备教育阶段。尤其是在甲午、日俄战争以后，更加重视直接通过学校体育对学生进行军事预备教育，可以说明治时期（尤其是1886年以后）到“二战”结束之前的学校体育实则是其扩军备战的重要的、基础性的手段，是一个不可或缺的环节。到了“二战”期间，学校体育完全沦为军国主义的帮凶，成为战争工具。

## 二、学校体育的地位

明治至“二战”前日本的学校体育是日本现代学校体育的开端，所开创的一系列制度和做法，形成了日本近现代学校体育的基本框架，为其后学校体育的发展奠定了基本模式。日本学校体育中的一些特点和做法，在“二战”前就已打下基础并有所体现。如对学生体质、学校体育和卫生保健的重视，对学生进行“体力测试”等，这些特点在以后较长的历史时期中都得以保留和传承。

### （一）日本现代学校体育的开端

西方“德、智、体”三育并重的教育思想自明治时期传入日本，得到教育界的广泛认同和传扬。“二战”前作为“三育”之一的学校体育也在学校确立了其重要地位，从明治时期开始对学校体育的重视，究其实质，在很大程度上是日本对青少年乃至国民体质的重视。此后，日本对于包括青少年在内的国民体质以及学校体育、卫生的重视几乎是一以贯之的。

“二战”后，日本也一直十分重视国民的体质与健康问题，半个多世纪以来，日本人体质健康的改善被国际公认为“人类体质发展的奇迹”。奇迹的取得，与其对体质与健康的高度重视、对学校体育和社会体育的高度重视密切相关。战后日本制定了一系列体育法律和法规，从制度层面切实保障了包括学生在内的全体国民的体育活动及体质健康。从1967（昭和42）年开始每年对全国国民体质进行1次调查，把“抑制学生体力下降趋势，提高学生体质”作为首要目标[1]。从20世纪50年代起，学校就为学生提供营养午餐，60年代，又提出“让一杯奶强壮一个民族”。学校体育场地、设备条件非常好，课外体育活动开展活跃，课外体育组织很多[2]。日本学生从小学到大学，一般一年之内至少要参

[1] 周爱光，陆作生．中日学生体质健康状况的比较及其启示［J］．体育学刊，2008，15（9）：5-7.
[2] 毛振明．日本学校体育拾零学校体育［J］．学校体育，1985（3）：58-59.

加两次体检，体检项目也很全，此外也重视孩子的心理健康检查。

可以说，从明治时期开始一直到当代，日本对学生体质的关注以及对学校体育及卫生的重视一脉相承，在整个日本近现代史的长河中，“二战”前是一个重要的历史开端。

### （二）奠定日本近现代学校体育体制的基石

“二战”前学校体育是日本近现代学校体育的开端，大体形成了近代学校体育的体系，也奠定了日本近现代学校体育体制的基石，在学校体育目标、管理制度、学校体育内容、方法等方面都有开创之功和基石作用。

在学校体育目标表述方面，已涉及身体、精神和社会三方面，为以后学校体育目标的科学制定打下了良好基础。在学校体育的地位方面，作为三育之一的体育已经在学校教育中确立了其重要地位，并且在由初等、中等、高等教育构成的教育体系中的各个环节中都确立了其重要位置；从学校体育自身的体系来看，制度上学校体操课程在各级学校实现了必修化，结构上形成了包括体操课程、课外体育活动和运动竞赛三部分在内的体系，学校体育中的目标、方法、内容、师资、评价、制度等要素都已经具备；在学校体育内容方面，已形成既有西方传入的体操、游戏，又有日本传统武道的双重格局，形成了以西方体育内容和日本传统文化精神相结合即“和魂洋才”的突出特征。这些都为以后的学校体育打下了基础。

## 第三节　明治至“二战”前日本学校体育发展的影响因素

体育在社会中并非孤立存在的现象，其发展也非孤立进行的，而是与社会、文化的运行变迁密切联系。要想深入了解学校体育生存、发展的社会环境，须把学校体育放到当时所处的社会环境中进行分析，才能对学校体育的特征与作用有更加客观、清晰的认识和更深刻的理解。恩格斯曾经指出，物质生产是人类社会存在和发展的基础，教育的发展归根到底是由社会生产力发展决定的，“其中经济的前提和条件归根到底是决定性的。但是政治等的前提和条件，甚至那些存在于人们头脑中的传统，也起着一定的作用”[1]。明治至“二战”前日本学校体

[1] 中共中央马克思恩格斯列宁斯大林著作编译局．马克思恩格斯选集：第4卷［M］．北京：人民出版社，1972：478.

育形成与发展的历史，是与政治、经济、军事、教育、文化的发展相互交融、互为推动的历史，并且这种相互交融的关系极为密切。

## 一、政治、经济发展是学校体育的坚实基础

### （一）政治改革与近代学校体育的形成

20世纪初期，世界进入帝国主义阶段，欧美列强亟须大力开拓海外殖民地，以输出资本并扩大商品市场。日本由于明治维新的成功，国力日渐强盛，先在甲午战争中打败大清王朝，又在日俄战争中取胜，经济、军事蒸蒸日上，成功进入强国行列。日本在富国强兵之前，欧美列强也曾强加给它很多不平等条约，剥夺其关税自主权，1894（明治27）年前后，在英国带动下，欧美各国一一答应恢复日本的关税自主权。日本产业革命后亟须在海外寻找殖民地作为原料地和商品市场，受到英国纵容和支持，为把中国和朝鲜作为殖民地而发动甲午战争。《马关条约》签订，使日本得到巨额战争赔款，战后经济、军事实力飞升，为其在20世纪30年代再次全面侵华作了物资准备。到1911（明治44）年，日本不平等条约得到改正，以独立的昂扬姿态屹立于东方，成为亚洲第一个资本主义强国。日本经过明治维新，大致完成了国家、民族独立，在经济结构上，虽然仍旧保留了很多封建关系，但资本主义体制已占据统治地位，初步建立了近代科学技术文明的体系。日本的明治政府在其成立之初，实际上就是一个取代幕府的封建大领主，但是天皇政权通过一系列的改革，使得社会由封建生产关系逐步走向资本主义的生产关系。

明治时期的日本有一个昂扬进取的领导阶层，并且建立了一个有效的君主立宪的官僚政府。其改革热情之高、力度之大着实令人称叹。明治政府从一开始就是一个先进的近代官僚制政府[1]，在这个近代官僚制政府领导的文明开化、学习欧美的巨大热潮中，日本近代学校体育的体系初步形成。

1871（明治4）年废藩之后，政府派出一个大型使节团走访欧美，目的是与各国交涉修改不平等条约，同时也考察学习欧美的先进文明。这一使节团以政府内第二高官右大臣岩仓具视为大使，参议（辅佐大臣、参与大政，构成政权的最高机关）木户孝允为副大使，还有大藏卿（卿为行政各省的长官）大久保利通、

[1] 森岛通夫．日本为什么成功［M］．胡国成，译．成都：四川人民出版社，1986：129.

工部大辅（大辅即次官）伊藤博文，以及各省（部）最优秀的官僚及翻译、随员等共计48人。从1871（明治4）年11月至1873（明治6）年9月，出访时间竟达一年零十个月之久，历访美国、英国、法国、比利时、荷兰、德国、俄国、丹麦、瑞典、意大利、奥地利、瑞士12个国家。他们都为资本主义经济的繁荣和西洋的议会政治感叹，使节团回国后，就在11月发动大政变，将西乡等反对派永远驱逐出政权。在国家最高领导班子里竟有一半之多的成员去先进国家实地考察学习近两年，这不仅在日本历史上空前绝后，其他国家也无此先例。“近代日本在一个值得赞扬的有效的君主立宪的官僚政府的领导下，经历了一场奇迹般的经济与军事上的扩张”[1]。

处于上升期的整个领导阶层的精神面貌是昂扬进取的，如对于体操传习所的建立发挥了重大作用的文部省大辅田中不二麿，对于推动兵操进入学校的森有礼，都是极具有进取精神的。从明治时期开始，对于学校体育一直在不断地加以调整和修改，并且每次修改都是建立在充分调查研究之上的，使我们看到了日本迫切追赶西方、强烈渴望进步的进取精神。

明治时期的普通体操、大正时期的瑞典体操及昭和时期的新体操均来源于西方，一直随着西方体育潮流的不断变化而变化。还有来自西方的各种田径、球类和竞技运动项目，日本一直在孜孜不倦地汲取着西方体育的养分，追赶西方体育的步伐。在明治日本，“维新”成为天皇政权领导下、全体一致的一项坚决落实的基本国策，而学校体育也是得到国家层面的顶层设计以及上下一致的普遍重视，其对学校体育的高度重视和发展力度，充分体现了一个政府昂扬向上的精神面貌。因此，在明治时期，日本近代学校体育体系初步形成，且学校体育在日本近代化过程中，在其国家崛起的过程中发挥了不容忽视的作用。但是，随着其战争意图日益加强，尤其是到了“二战”期间，其重视学校体育主要是出于侵略目的，因此逆历史潮流而动将体育作为战争工具。

福泽谕吉把世界各国分为文明、半文明和野蛮三类，认为日本尚属半文明国家，必须以西方为榜样，学习西方，才能使日本尽快成为文明开化的国家。要先学习西方的“内在文明”，即思想、文化等无形的“文明精神”，然后再学习衣、食、住、行、法律等“外在文明”[2]。因此，“明治维新前后日本体育的发展已

[1] 庞卓恒．中国的洋务运动与日本的明治维新［J］．近代史研究，1985（1）：218-244.
[2] 王智新，潘立．日本基础教育［M］．广州：广东教育出版社，2004：6.

经显现出文化转型的特征，在与西方交流时，日本更注意对西方体育的体制和价值观加以全面的介绍以反思自我”[1]。这正如加藤弘之所说：“船炮之制造，武技之操练等，仅为武备之外形，若不探究其精神原理，则‘外形’无一益处，这和中国洋务派‘欲学习外国利器，则莫如觅制器之器’（李鸿章语）的见解颇为不同。正是这样一种全面学习的思想，使得日本迅速进行了体育的现代化”。[2] 明治维新是涉及政治、经济、技术、文化、学术、教育众多领域的系统性改革，因此日本近代学校体育也是在社会系统改革中诞生的。日本在引进西方体育形式的同时，也引进了西方的体育理论、思想和认识，是一种较为全面科学的引进。日本所受的外国影响，如引进外国师资等，都是其主动开化引进的结果。这些与其社会性质及政治改革等是紧密相关的。

### （二）经济发展与学校体育

一个国家的强盛与其经济基础密不可分。从明治时期开始，日本走上了快速发展资本主义的轨道，摆脱了民族危机，跻身强国之列。明治前期，政府经济困难，1872年《学制》规定强迫实行六年制义务教育未能实现。19世纪70年代末期，明治政府财政收支失衡，从1879年起政府不得不将义务教育年限由六年降为四年。但是从1870—1885年的短短15年间工业落后的面貌就大大改变，初步实现了资本主义工业化[3]。1866—1873年，日本工业生产年平均增长速度为32.2%，而英国（1851—1873年）为3.3%，美国（1861—1873年）为5%，德国（1861—1873年）为3.8%。1874—1890年日本平均增长速度为12.1%，英国为1.7%，美国为5.2%，法国为2.1%，德国为3.5%[4]，日本工业的这种飞速发展，列宁曾加以肯定，他认为日本是一个“进步非常快的新兴资本主义国家”[5]。

1890（明治23）年至1900（明治33）年是日本资本主义经济快速增长时期，尤其是从1895年甲午战争以后，日本的产业革命发展迅速，经济实力日益

[1] 曾玉华，许万林，姚如好．中日韩对西方近代体育的接受及其发展特点［J］．体育文化导刊，2010（5）：142-145.

[2] 曾玉华，许万林，姚如好．中日韩对西方近代体育的接受及其发展特点［J］．体育文化导刊，2010（5）：142-145.

[3] 袁咏红．梁启超对日本的认识和态度［M］．北京：中国社会科学出版社，2011：10-11.

[4] 万峰．日本资本主义史研究［M］．长沙：湖南人民出版社，1984：129-130.

[5] 列宁．帝国主义是资本主义的最高阶段［M］//列宁．列宁全集：第22卷．北京：人民出版社，1958：251.

增强，为学校教育的进一步普及提供了财力保障。到20世纪初，完成了产业革命的日本跻身于世界强国之列[1]。甲午战后，日本从中国掠夺的大量赔款，约为日本1895年国家财政收入的4倍以上，不仅改变了日本的财政状况，而且促进了日本资本主义工业的发展，推动了战后经营和军备扩张[2]。日本近代教育的发展与中国的巨额赔款也有关系，当时日本政府以清政府“赔款”的一部分作为基金，再加上利息，设立了“教育基金”以发展义务教育和普通教育。在1900（明治33）年到1905（明治38）年，这笔基金起到了支持义务教育发展的作用[3]。1900年《改正小学校令》颁布后，日本开始实施四年制免费义务教育，此后学龄儿童就学率急速提升，从1890年的48.9%、1895年的61.2%，提高到1900年的81.5%、1905年的95.6%，增长幅度很大[4]。到1910（明治43）年，学龄儿童就学率达到98.14%，基本实现了六年制义务教育的普及[5]。

经济是教育发展的物质基础和条件，决定着教育发展的规模和速度。当一个社会的经济和生产力不发展，没有较为雄厚的经济实力，就不可能普及并延长义务教育年限，提高中等和高等教育程度。经济的迅速发展支持了教育的发展，也支持了学校体育的发展，在雄厚经济力量的支持下，日本的义务教育入学率不断提高，这就意味着，必须到学校里接受体育教育的人数也在不断上升，并且在学校的运动经费、场地设施建设以及师资的培养等方面都能得到更多的经济支持。

## 二、传统思想文化是学校体育的“和魂”

文化的影响力巨大而无形，其影响往往是具有决定意义的。明治时期日本经济取得了稳定而显著的发展，有人提出“日本的文化主要是儒教的世俗化和日本的骑士气概，在其经济起飞过程中，扮演了一个最重要的角色”[6]。而在明治时期至“二战”前日本近代学校体育的产生、发展过程中文化也发挥了重要影响[7]。

---

[1] 袁咏红．梁启超对日本的认识和态度［M］．北京：中国社会科学出版社，2011：10-11.

[2] 吴廷璆．日本史［M］．天津：南开大学出版社，1994：492.

[3] 楫西光速，大岛清，加藤俊彦，等．日本资本主义的发展［M］．闫静先，译．北京：商务印书馆1963：199.

[4] 万峰．日本资本主义史研究［M］．长沙：湖南人民出版社，1984：32.

[5] 国立教育研究所．日本现代教育百年史：第4卷［M］．东京：文唱堂，1974：1008.

[6] 森岛通夫．日本为什么成功［M］．胡国成，译．成都：四川人民出版社，1986：25.

[7] 卢元镇．中日体育文化比较交流散论［J］．天津体育学院学报，1992（1）：56-60.

明治维新的确是一场“维新”的巨大变革，然而这场“维新”中，既有对西方科技、制度的引进吸收，也有对日本传统道德和民族精神的继承。明治前期，欧化主义盛行，西方文化如同潮水一般涌入日本，明治中期政府的“欧化主义政策”，招致了越来越多的反感和抨击。因此，要求回归传统的民族主义和国粹主义之风一时大盛，强调回归“日本精神”，即注重“洋才”的同时，强调“和魂”。本节中的善采异邦的优秀传统、武士道精神和强调“忠”为核心的儒家思想以及前文所述的军国主义都是“和魂”的重要组成。伴随着日本对外侵略扩张的进程，学校体育日益走上军国主义的道路，日本传统文化的影响也越来越大。

### （一）善采异邦的优秀传统

日本是一个海岛国家，国土面积小，资源相对匮乏，地震多发，因此历来具有一种“积极性忧患意识”，也正因如此，日本能够博采众家之长，奋力进取，自古以来就有善于吸取外来文化的优良传统。在近代之前，日本曾经长期吸收中国文化以发展、完善自己。隋唐、宋元、明清时期是三次大规模摄取中国文化的高潮，极大促进了日本文化的发展[1]。

梁启超说过，日本民族有一种卧薪尝胆、发愤图强的精神。日本为打败中国，自料小国寡民其力不敌，“于是倡为强种之说，学堂通课，皆兼卫生，举国妇人，悉行体操。故其民也，筋干强健，志气遒烈，赴国事若私难，蹈锋镝若甘饴，国之勃然，盖有由也”[2]。日俄战争中，日本为了打败俄国，上至贵族荐绅下至贩夫竖卒无不节衣缩食，倾其所有全力支持，以充军费。日本打败中俄固然是其长期扩军备战的结果，也是全族卧薪尝胆、发愤图强的表现。正是因为日本的“积极性忧患意识”和奋发图强的精神，使得日本特别能够吸收借鉴异国的优秀文化，“善采异邦”就是日本“积极性忧患意识”的一种表现。

日本对外来文化极为敏感，一旦意识到外来文化的优越性，便会毫不犹豫地全面吸收与引进。依田熹家在分析摄取文化的形态时，将日本归于“全面摄取型”。“日本在摄取他国的文化时，不是单方面的，而是全面的，不是分散的，

[1] 钱澄，马约生．日本现代化与中国［J］．南京大学学报，2002，39（4）：137-145.
[2] 梁启超．饮冰室合集（文集之二）［M］．上海：商务印书馆，1936：69.

经常要成套地吸收”[1]。如大化革新时期的日本，几乎把世界上最先进的大唐文化全盘移植到日本，从政治制度、土地制度、军事制度至哲学、宗教、法律、教育、史学、书法、乐舞、工艺、美术、建筑、医药、历法、体育、娱乐、衣食、风俗等，无不加以引进、吸收。这种“全面摄取”的方式，在明治维新时期再一次被应用于对西方文化的吸收、引进，崇洋之风席卷日本列岛，西方文化如潮水般涌入，“在不放弃本国的历史和文明中最美好的东西的同时，采纳了世界所提供的最美好的东西，并将它同化了”[2]。

日本更倾向于全方位地吸收摄取，“日本变法，则先其本，中国变法，则务其末，是以事虽同，而效乃大异也”[3]。梁启超曾深刻地认识到，日本民族有着勇于进取、善于学习和借鉴他人之长的文化，认为“日本人最长于模仿性”[4]，“如日本，未尝有固有之文明，唯取诸我国取诸欧西者”[5]。日本人“常以不若人为耻。人之有善，则急起直追之若不及。凡有所效，必实事求是，以得其真似”[6]。梁启超认为，日本善于学习借鉴，并且这种学习借鉴必实事求是，务求学其精髓，借其灵魂施用于本国，并非浅尝辄止或停留于表面。

因此，在体育领域的引进学习也呈现出同样的状况，日本学习西方的学校体育，是思想、制度、方法的全面学习和移植，明治以来日本如饥似渴地从欧美文化中摄取营养，引进了大量的洋式竞赛项目并使之推广，率先在东亚登上了世界现代体育文化的高峰。“甚至还可以说当时日本就是把诸多欧美项目移植进来的一块非常理想的处女地”[7]。之所以日本是一块移植欧美体育的理想之地，除却“物质条件”“精神需求”与欧美接近之外，应该要归功于日本善于并乐于汲取外来先进文化这一优良的文化传统。

日本善于借鉴和移植外来文化，但是往往会在消化、吸收外来文化的同时不断进行选择与改造，塑造出更为符合本国国情与社会特点的文化。也就是说，尽管日本对待外来文化是全方位摄取，但它并非是全盘照搬，而是有所取舍的，并

---

[1] 依田熹家．日中两国现代化比较研究［M］．卞立强，严立贤，叶垣，等，译．北京：北京大学出版社，1997：189.

[2] 新渡户稻造．武士道［M］．张俊彦，译．北京：商务印书馆，1993：10.

[3] 梁启超．饮冰室合集（文集之一）［M］．上海：商务印书馆，1936：68.

[4] 梁启超．饮冰室合集（文集之25下）［M］．上海：商务印书馆，1936：5.

[5] 梁启超．饮冰室合集（文集之七）［M］．上海：商务印书馆，1936：63.

[6] 梁启超．饮冰室合集（文集之25下）［M］．上海：商务印书馆，1936：5.

[7] 大熊广明．学者笔下的日本近代体育史［J］．成都体育学院学报，2000（1）：10-13.

且会对外来文化进行改造。日本民族传统体育中的一些成分如柔道、剑道，在全盘西化时期是被排斥于学校体育之外的，中间历经多次反复提议、否决，最终在明治末期时进入学校，成为学校体育课程的内容之一，这样一来，日本的学校体育内容既有西方传入的体操、游戏，又有本国传统的柔道和剑道，也成为一种“双重方式”。日本在全盘西化时期的确缺乏相应的文化抵抗，但是随时间的推进逐渐纠正了这一倾向，开始走上探索适合日本自己的发展道路。到了大正、昭和时期，柔道、剑道这些传统体育形式随着战争的进展，在学校体育中的分量日益加重。

### （二）根深蒂固的武士道精神

森岛通夫曾经写过《日本为什么成功》一书，论述的是日本明治时期迅速崛起的原因，其书副标题——西方的技术和日本的民族精神，已经表明了作者的观点。而其中“日本的民族精神”究竟何指？武士道精神应当是其重要组成部分。日本从镰仓时代起，武士就成为社会的统治阶层，德川幕府时期，全国居民分为（武）士、农、工、商四等，武士居四民之首，享有各种特权，并完全垄断各级政权，其余三等则几乎没有任何政治权力。由此“武士道”也就成为日本民族文化中的一种特有精神。

武士道精神是封建统治集团对武士提出的道德规范，以“忠义”“勇敢”为核心，并未形成成文的制度典章，但却是约束武士行为的无形律法，也是日本社会中长期以来的一种主流意识形态。其基本精神为忠诚、牺牲、信义、廉耻、名誉、尚武、俭朴、情爱等道德信条[1]。明治维新以后，武士这一社会阶层消失，但武士道精神作为一种思想范式仍旧深深植根于日本的国民性格之中，并对后来日本的政治、军事和社会生活产生了举足轻重的影响。[2] 蔡锷在《军国民篇》中有言：“日本之国魂，即‘日本之武士道’，人称‘大和魂’是也。”[3] 近代日本军国主义的渊源就是古代和中世纪的日本武士、武士治国及武士道。而明治维新后转化为近代军人精神的武士道更是日本军国主义的主要组成部分，是日本军国主义的精神支柱[4]。

---

[1] 森岛通夫．日本为什么成功［M］．胡国成，译．成都：四川人民出版社，1986：91.
[2] 刘柠．穿越想象的异邦——布衣日本散论［M］．杭州：浙江大学出版社，2009：237-238.
[3] 蔡锷．蔡松坡先生遗集：第2册［M］．邵阳：蔡公遗集编印委员会，1943：1-21.
[4] 杨绍先．武士道与日本军国主义［J］．世界历史，1999（4）：56-64.

1899（明治32）年甲午战争结束4年后，日俄战争爆发5年前，日本著名的启蒙思想家、教育家，第一代“开眼看世界”的日本人新渡户稻造写成了他的《武士道》（Bushido）一书并在美国出版，该书将日本文化向全世界尤其是欧美列强进行了成功的深层推销，用武士道为日本的对外侵略和殖民战争辩护，使其合法化、正当化，使得“日本能在明治维新之后一代人的时间里迅速崛起而免于被列强过度打压、妖魔化，不能不说拜《武士道》之所赐大焉”[1]。作者提出：“武士道一直都是日本的精神与原动力。”“打赢鸭绿江、朝鲜及满洲东北战役的，是日本祖先的灵魂，他在子孙的心中跳动，引导着子孙的手。那些威武的魂魄、武勇的先祖精神并未死去，对于那些有心看见的眼睛来说仍是清晰可见的。即使是一位拥有最先进思想的日本人，在其外表下，仍然是一位武士。”[2]

1898（明治31）年9月，梁启超在戊戌变法失败后逃亡日本，并在日本生活了14年。一次在游上野之时，深为日本寻常人物的尚武精神所感动，他在上野看到日本人送家人入伍的场景，“余于就中见两三标，乃送入营，题曰‘祈战死’三字，余见之矍然肃然，流连而不能去。日本国俗与中国国俗有大相异者一端，曰尚武与右文是也。中国历代诗歌皆言从军苦，日本诗歌无不言从军乐。吾尝见甲午末间，日本报章所载赠人从军诗，皆祝其勿生还者也”[3]。日本诗歌里都把从军当作极荣耀的事情，甚至祝福亲友战死勿归。武士道强调为君主献身、尽忠，不论君主是对是错，是正是邪都要绝对服从，且往往残酷暴戾，但梁启超认为武士道所蕴含的尚武、不怕牺牲、勇往直前、舍弃自我的精神是特别值得称道的。

受儒家文化影响，日本早期的教育中长期未纳入学校体育的内容，但是其武士文化抵挡了儒家文化的文弱之风。而明治以后日本的武士道被统治者导入罪恶的战争深渊，但在一定意义上，它对抵制儒教“文弱之风”有一定的积极作用。

这种武士道精神对学校体育的发展产生了一定影响。1884（明治17）年出版的文部省编《小学修身书》中等科第六卷写道：“雄毅英武忠直之风，乃吾国之美俗。应愈益鼓舞振励万古不灭之士气，精炼武备，以守邦家。……天下虽为太平，然忘武则危。故治世亦不应忘学习武事。……文武如车之两轮、鸟之两

[1] 刘柠．穿越想象的异邦——布衣日本散论［M］．杭州：浙江大学出版社，2009：227.
[2] 刘柠．穿越想象的异邦——布衣日本散论［M］．杭州：浙江大学出版社，2009：240-241.
[3] 祈战死［N］．清议报，1899-11-21.

翼，缺一则难立。”[1] 日本学者渡边融认为，“体育和竞技运动在学校范围内得以实施，是由于人们热衷于争胜负，因而校际比赛深受欢迎，甚至出现了借助校际比赛来发展体育和竞技运动的格局”。而学生热衷于争胜负，是“由于当时在校学生大多出身于士族”，从中推选的选手便成了捍卫学校荣誉的战士”。大熊广明也提出，在日本近代体育运动观的形成过程中，“武士阶级的思维方式产生了很大的影响，欧美的体育运动之所以能够在日本施行，可以说武士精神也在某种程度上起到了推波助澜的作用”[2]。依据日本学校体育研究著名学者竹之下休藏的理论，日本体育现代化转型是建立在天皇独裁体制之上的，虽然西方近代体育得到了快速传播，但其“把体育作为生活中的快乐，作为游戏进行享受”的文化精神则被置换为“胜利主义下的战斗”[3]，这一置换也应当是与日本传统武士道精神崇尚竞争，并且注重集体主义、集团荣誉相关联的。

所以，武士道精神与明治至“二战”前学校体育的发展有一定的关系，一方面，由于武士道精神而形成的尚武传统，使得日本更容易接受来自西方的近代体育运动，武士道中崇尚竞争、为荣誉而战的精神，在某种程度上，与体育比赛的竞争精神不谋而合，因而使得体育运动尤其是体育比赛易于在学校开展，并且导致学生们的体育竞赛异常激烈。另一方面，武士道精神中的忍耐、勇敢、忠诚、信义、荣誉等，也使得学校体育中极受重视的枯燥、严肃的兵式体操以及军事训练能够为学生接受，并没有激起如同中国学生那样的对于兵式体操的强烈反感。

另外，渡边融所讲的学生间的体育比赛竞争激烈，与日本的“耻文化”也不无关系。所谓的“耻文化”，是指日本人非常重视个体在相识群体中的名誉。美国著名学者本尼迪克特的《菊与剑》中，称欧美文化是一种罪文化——依赖内化的罪恶以达到自觉，日本文化是一种耻文化——依赖外在强制力以达到善行。日本文化要求“日本人在建构其世界时，无时无刻不顾虑到等级制度。在家庭和人际关系中，年龄、世代、性别、阶级支配着适当的行为”，要求人人“各守本位”，人与人之间遵守一种“义理”规范，即对待他人之“恩”要给予报赏，而对名分上受辱无论如何要复仇雪耻。由于害怕“蒙羞”，日本人具有极度的自我防卫心理，这种心理使日本人难以接受竞争中的失败。

---

[1] 海后宗臣．日本教科书大系：第2卷［M］．现代编．东京：讲谈社，1962：277-278.

[2] 大熊广明．学者笔下的日本近代体育史［J］．成都体育学院学报，2000（1）：10-13.

[3] 罗时铭．当代日本学校体育与社会体育研究［M］．北京：北京体育大学出版社，2007：2-15.

## （三）“忠”为核心的儒家思想

日本意识形态中另一重要组成部分是儒学。在日本，由于儒教的理性主义使得西方科学能够迅速扎根，使日本经济成功达到了起飞的地步[1]。但在某些最重要的方面，日本的儒学与中国的儒学有显著不同。中国儒学的核心思想是“仁”，而日本的儒学却将“忠”放在首要位置，而且“忠”在中国和日本有着不同的含义，“在中国，忠诚意味着对自我良心的真诚。而在日本，虽然它也在同样的意义上被使用，但它的准确的意义基本上是一种旨在完全献身于自己领主的真诚”，这种献身甚至可以为自己的领主牺牲生命。迄今为止，在日本历史上，个人主义从未昌盛过，日本人一直被要求服从统治者，侍奉父母、尊重兄长，在社会中按照多数派的意见行事。即使是在天皇的命令没有反映大多数人的感情的时候也是如此[2]。

自明治政府建立以后，武士阶级失去了他们的特权，由于实行征兵制，保卫国防的义务落到了全体国民身上，所有的日本人都被认为是潜在的士兵。1882（明治15）年天皇给日本军人所下的命令《军人敕谕》是按照儒教的观点写成的，这绝不仅是给军人的特殊的道德法规，也是天皇给全国人民必须遵守的国家法令。该命令强调了儒教的五种美德——忠诚、礼仪、勇敢、信义、节俭，但没有特别提到仁——中国儒教核心的美德，忽略仁，而强调忠，正是日本儒教所独具的特征[3]。森有礼在埼玉县师范学校演讲时提出要培养具有“忠顺、信爱、威重”三种气质的国民，即是这种思想的反应。

欧美体育的灵魂是独立自主、倡导个性，而日本虽经“维新”走上资本主义道路，但人们的思想仍然受到以天皇为首的封建势力影响。走上军国主义道路后，更是号召效忠天皇、为国捐躯，在学校体育中也提倡忠顺等气质，因此青少年其实并没有获得思想解放。从1886（明治19）年开始一直到明治末期存在于日本学校中的兵式体操，其教学无论如何都不可能是轻松愉快的，即便是普通体操，也是学生在教师的统一号令下，做着整齐划一的动作，但我们也并没有见到如同中国学生甚至家长那样对兵式体操的不满、抱怨、批判，也许正是出于武士道精神和这种忠的观念，为了服从于国家的强兵需要，他们甘守纪律，甘于顺

---

[1] 森岛通夫．日本为什么成功［M］．胡国成，译．成都：四川人民出版社，1986：92.
[2] 森岛通夫．日本为什么成功［M］．胡国成，译．成都：四川人民出版社，1986：23.
[3] 森岛通夫．日本为什么成功［M］．胡国成，译．成都：四川人民出版社，1986：137.

从，甘心忍耐这种枯燥严肃，甚至以这种忍耐作为自己对国家的奉献，而从中生发出一种自豪感和豪壮感。而到了“二战”期间，学生也正是在“忠”的观念下，接受越来越严苛的军事训练，正常的学校体育被抛诸脑后。

## 三、教育发展是学校体育的直接推动力

百年大计，教育为本，教育是一个国家和民族最根本的事业，能够改变和决定一个国家未来的发展。教育在日本近现代国家发展中地位极为重要，近代伊始，欧美文明强势进入日本，欧美式教育思想和方法令日本瞩目，为早日与西方列强并驾齐驱，步入现代化国家行列，从明治政府开始，就将教育定位为国家的大本大略，作为实现“殖产兴业”和“富国强兵”的重要手段，视为“皇国前途之根本”[1]。由于教育得到高度重视并取得了很大进步，学校体育也随着得到了重视并广泛开展[2]。将该时期的学校体育放到当时的教育背景中去审视，才不会只见“树木”不见“森林”。

### （一）对教育的高度重视与学校体育

日本极为重视教育，学校体育作为“三育”之一，随着政府对教育的重视而得到重视，随着教育的发展而得到发展，学校体育制度也随着教育制度的屡次修订而不断修改完善。

《学制》颁布以后，日本翻译了许多外国教育著作，这些几乎都是围绕“智育、德育、体育”的三育主义展开论述的，学校体育作为三育之一，随着社会对教育的重视和认识，也逐渐得到了人们的关注。关于日本的教育，文部省学监美国人大卫慕来于1873（明治6）年对文部大辅田中不二麿提议说：“有智识的人能振兴事物，有道德的人能分辨善恶，有体力的人能进行实施，所以完全具有这三方面的人，才是接受到教育的人。”这样，教育的目标就确定为培养智、德、体三者兼备的人才。

在明治初期，木户孝允（明治维新的主要领导人之一）在1868（明治元）年12月提出《振兴普通教育实乃当务之急》建议书，强调“国家富强的基础在于人民的富强，当平民百姓尚未脱离无知贫弱之境地时，王政维新的美名终究也

[1] 香川敬三．岩仓公实记：中卷［M］．东京：岩仓公旧迹保存会，1972：602.
[2] 肖冲．清末留日学生对“欧化”的日本体育传入中国所起的作用［J］．体育文史，1987（3）：8-13.

只能是徒有其名而已，对抗世界富强各国之目的也必然难以达到。因此，使平民百姓的知识进步，吸取文明各国之规则，逐步振兴全国学校，广泛普及教育，则是今日的一大紧急任务”。表达了振兴教育的急迫性[1]。

明治维新的另一位主要领导人岩仓具视也提倡要对国民施以“教化”，提出要在全国设立小学校，以此培养选拔人才。1870（明治3）年，岩仓具视提出《建国策》，强调“毫无疑问，国家文明富强之根本在于人民智慧的开发与进步，因此宜在全国设置中、小学校，并置大学的监督之下”[2]。伊藤博文在1869（明治2）年提出《国是纲目》，强调“为提高国民的知识水平，应在东西两京设立大学，在府县和郡村设立小学校；大学应有大学规则，改变旧学风；不论城乡、不论地方是否偏远，人人都应受到知识的光芒”。[3]

福泽谕吉作为日本明治维新时期最著名的启蒙思想家和教育家，其教育思想对日本社会各阶层有着广泛而深刻的影响。在日本近代史上，他扮演了文明开化巨匠和启蒙运动旗手的角色[4]。他鼓励人人向学，倡导普及教育，提出“天不生人上之人，也不生人下之人，即天生的人一律平等，不是生下来就有贵贱上下之别的”。“人不学则无智”等普及教育思想，具有时代的进步性，福泽谕吉被日本人尊为“近代教育之父”[5]。他对于体育也是非常重视的。在这些人物的领导下，从明治政府开始，日本就普及教育，并实施以教兴国的宏图伟略，“教育就成了国家的一种工具”[6]。

经济是教育发展的基础，为普及教育提供财政保障。日本政府、民间企业和社会团体都重视对教育的投入，他们认为：“只有教育投资才是最好的投资。”[7]明治维新后，日本随着资本主义的快速发展，综合国力不断增强，对教育的投资也呈总体上升趋势[8]。

学校体育是构成整个教育的重要一环，因为它关系到能否培养出健康而有活力的新国民，通过对欧美的学习，文部省的确认识到了体育的重要性，所以在学

---

[1] 李文英．模仿、自立与创新——近代日本学习欧美教育研究［M］．石家庄：河北教育出版社，2001：35.
[2] 李文英．模仿、自立与创新——近代日本学习欧美教育研究［M］．石家庄：河北教育出版社，2001：35.
[3] 梅根悟．世界教育大系：第1卷［M］．东京：讲谈社，1976：190-191.
[4] 贺国庆，于洪波，朱文富．外国教育史［M］．北京：高等教育出版社，2009：272.
[5] 吴式颖，任中印．外国教育思想通史：第8卷［M］．长沙：湖南教育出版社，2002：288.
[6] 小原国芳．日本教育史［M］．吴家镇、戴景曦，译．北京：商务印书馆，1993：167.
[7] 小原国芳．小原国芳选集：第3卷［M］．东京：玉川大学出版部，1981：91.
[8] 饶从满．当代日本小学教育［M］．太原：山西教育出版社，1992：46.

校体育基础并不十分深厚的情况下，就在《学制》中设立体操课，由于初期师资、教材等都很缺乏，在地方的教育实践中的确存在过偏于智育，忽略体育和德育的情况。文部省认识到这一点后，就于1877（明治10）年前后制定了振兴体操的方针，设立传习所、聘请外籍体操教师就是大力振兴体操的重要途径之一。此后，随着对“富国强兵”的努力追求，更是把学校体操作为必修加以重视。

### （二）就学率的提高与学校体育

1872（明治5）年颁布《学制》，日本提出普及八年制初等教育，1879（明治12）年颁布《教育令》，对普及初等教育政策进行调整。1886（明治19）年颁布《小学校令》，提出普及四年制义务教育，正式确立了普及义务教育的制度。1900（明治33）年实现免费的四年制义务教育，1910（明治43）年实现普及六年制义务教育，完成了日本近代义务教育的历史性跨越。日本用三十多年的时间完成了欧美国家上百年时间取得的成果[1]。

明治初期，日本为发展普及教育，不惜采用强迫入学的方式。在发展教育上，政府所做的努力并不亚于当时为制定国民兵役制建立新军队所付出的努力。1872（明治5）年，明治政府制定学制，规定满六周岁的男女儿童都必须入学，学生每人每月要缴纳五毛钱的学费。农民必须要付出学校建设、维持费和每个学生五毛钱的学费，负担沉重难以忍受。直至1876（明治9）年，各地爆发了反对强制教育的农民大起义，有的竟达数十万人。而日本政府不顾农民的强烈反对，以处罚为手段强迫家长送子女上学。从1881（明治14）年开始，日本学龄儿童就学率逐渐上升。1881（明治14）年，日本学龄儿童就学率为41.31%，1885（明治18）年达到49.36%[2]。1891（明治24）年，学龄儿童就学率为50.31%，1899（明治32）年，就学率达到72.75%[3]。这些数字显示了强迫教育是以惊人的速度在普及。1900（明治33）年《改正小学校令》颁布后，日本开始实施四年制免费义务教育，学龄儿童就学率急速提升。到1907（明治40）年男生为98.53%，女生为96.14%，平均为97.38%。到1910（明治43）年，就学率达到98.14%，基本普及了六年制义务教育。1912（大正元）年，就学率

---

[1] 刘山．日本近代普及义务教育研究［D］．保定：河北大学，2010.

[2] 国立教育研究所．日本现代教育百年史：第3卷［M］．东京：文唱堂，1974（昭和49年）：1063.

[3] 国立教育研究所．日本现代教育百年史：第4卷［M］．东京：文唱堂，1974（昭和49年）：223.

男生为98.80%，女生为97.62%，平均为98.23%[1]。明治政府实施苛酷地强制教育，固然需要批判，而且其指导思想是为培养天皇的“忠臣良民”，对所有国民灌输军国主义精神，结果给亚洲国家和人民带来了巨大灾难。但又不可否认的是，由于从明治时期日本政府就开始高度重视教育和大力普及教育，这奠定了日本所谓“现代化”成功的基础[2]。

日本坚持义务教育的均衡发展，也是对学校体育发展的有利因素。日本在推进普及义务教育进程中，从一开始就注意到坚持均衡发展的原则。例如，政府对贫困家庭儿童就学给予免费和补助，寻常师范学校大多数学生来自农村中下层家庭，毕业后回到当地农村任教，保证了农村地区的教师来源，确保无论贫富、无论城市还是偏僻贫困地区都能实现普及义务教育；重视普及女童的教育，提出教育平等，要求男女儿童一样到学校接受教育，女童就学率不断上升，这样保证了男女生都能接受平等的教育。在城乡、男女、贫富方面，日本的义务教育都注意了均衡发展，因而也就能保证无论城乡、男女、贫富，都因能够接受义务教育而同时接受到学校的体育教育，这就有利于保证接受学校体育教育对象的全面性。

### （三）军国主义教育与学校体育

日本在明治维新后，建立了以欧美等西方国家教育制度为样板的西方民主教育体制，该体制实施几年之后，随着天皇制国家体制的确立、军国主义路线的逐步形成及《教育敕语》的公布，日本最终选择了在利用西方教育体制的同时推行军国主义教育体制。军国主义教育的主要内容包括效忠天皇、“尚武”和“绝对服从”、推行军事扩张等[3]。

19世纪70年代末80年代初，日本政府逐渐开始放弃全盘欧化的政策，利用传统的价值观念培养忠君爱国思想。1878（明治11）年秋，天皇巡幸各地，对学校中的自由主义教育感到担忧，于是在第二年下达《教学大旨》，指出“教学之要乃明确仁义忠孝”，强调道德教育的重要性。1880年再次修订“教育令”，伊藤博文等政府首脑在教育上转而学习德国，以德国的国家主义来排除英美的个人主义、自由主义。1884（明治17）年，森有礼接任文部卿，1886（明治19）年，在森有礼国家主义教育思想的指导下，文部省陆续制定了一系列的《学校

[1] 国立教育研究所．日本现代教育百年史：第4卷［M］．东京：文唱堂，1974（昭和49年）：1008.
[2] 庞卓恒．中国的洋务运动与日本的明治维新［J］．近代史研究，1985（1）：218-244.
[3] 张义素．日本军国主义教育及对国民意识的影响［J］．日本学刊，2005（4）：83-95.

令》，从小学到大学系统地灌输民族主义和天皇中心主义思想，国家主义教育体制得以确立。学校办学以国家利益为最高目的，培养学生忠君爱国思想，把学校完全纳入为天皇制国家服务的轨道上来。1890（明治23）年颁布的《教育敕语》，把封建儒家道德的忠、孝、仁、爱与近代资本主义的伦理道德结合在一起，提倡国家主义道德，强化对小学生的修身教育。从《教学大旨》到《教育敕语》，日本逐渐确立了保守主义教育思想的主导地位。

随着国家主义教育体制逐渐得到确立，由此给学校体育带来了很大变化——兵式体操进入学校成为必修课程，在课外活动中军事色彩浓厚的“行军”开始兴起。所有这些措施都是为了一个目的：“锻炼学生之身心、涵养、团体观念，加强国民的资质，且可增进国防能力。”[1] 在国家主义的背景下，日本政府牢牢地将教育控制起来，使其变成为国家服务的一种工具，最终把教育引入军国主义的歧途。日本教育家平塚益德指出：“振兴日本的力量是教育，日本的立国之基是教育。”“灭亡日本的也是教育。”[2] 而学校体育在这种背景下，也被赋予了更多的国家主义的期待，成为具有突出军国主义特征的体育，成为战争的工具。到了20世纪30年代最终完全陷入了体育军事化的深渊。

## 四、军事扩张是影响学校体育的核心因素

从明治中期开始，日本学校体育就深受军国主义思想和军事诉求的影响，这与日本的重武传统、传统的武士道精神以及日本儒学以“忠”为核心的理念紧密联系。日本作为一个资源匮乏的岛国，向外扩张是其早就既定的国策，因此日本历来重武。随着19世纪80年代国家主义的兴起，开始把学校体育作为有助于侵略扩张的有效工具。这是其文化特点决定的，与其文化传统紧密结合，是其文化孕育的结果。在明治前期，学校体育主要是文明开化、欧化主义的产物，从明治中期开始至“二战”前，深受国家战争追求的影响与制约，因而逐渐成为军国主义思想下的强兵工具。

在古代日本，天皇名义上是人神合一的最高统治者，但事实上是由幕府将军执掌实权，武士向幕府纳贡、服兵役，将军则保护武士的土地所有权。在幕府制下，军事贵族掌握政权，社会崇尚武力，穷兵黩武，这是日本军国主义的历史根

[1] 钟鲁斋．比较教育［M］．北京：商务印书馆，1935：388.
[2] 杨孔炽．日本教育现代化的历史基础［M］．福州：福建教育出版社，1998：21.

源之一[1]。幕府制与欧洲的贵族分封制较为相似，因此导致了无穷的混战与纷乱，从14世纪到16世纪，日本一直处于军阀混战之中。在19世纪后半叶日本还在锁国迷梦中，当日本觉察到自己大大落后于世界的时候（耻文化使然），几乎想以火箭速度迎头赶上，并且在维新“富国强兵”后，穷兵黩武，一直到1945年战败为止，其间学校体育成为其强化军事力量的有力工具。

从历史上看，明治维新实际上是一把双刃剑，即使日本迅速强大，但是也使日本人民和日本的邻邦深受战争之苦。日本在明治维新之初的国家政策，是谋求国家的统一和发展，但很快日本便走上了疯狂侵略扩张的道路，日本学者指出，“像这样没有间断地从战争走向战争的国家，近代世界历史上，除日本而外，找不到第二国”。

体操最早引入日本，是从军队开始的。当初的军事当局为了提高士兵的体格与体力，曾把体操作为军事训练方法寄予深切期望。当时为改变日本人柔弱的外貌和矮小的身躯，使日本人成为出色的士兵，体操被放在最基础的训练位置上，“日本的近代体育，很大程度是根据提高军事力量的观点展开的”[2]。

《学制》时期，日本已经具备“军国”的特征，军费高居政府财政开支之首，军方提出“国民皆兵”的观点并加以实践。1873（明治6）年10月，岩仓具视在上奏天皇的意见书中直言不讳地称日本为“军国”[3]。1879（明治12）年《教育令》以后，日本的“军国”已初具雏形，设置了直属天皇的参谋本部，军事机构开始在国家中处于特殊地位。1878（明治11）年12月参谋本部部长山县有朋提出“国内无一夫不为兵丁，无一民不为文事。是时，海内可看做文武之一大学校”的全民皆兵、全民皆学构想。一些军事官员开始转任或兼任教育官员，便于将国家的军事要求贯彻到教育领域。

体操传习所存在的时间是1878—1886年，此时日本的“军国主义”已初具雏形，日本政要开始设计一条优先“强兵”的国家发展路线，1874（明治7）年日本入侵中国台湾，1875（明治8）年侵略朝鲜，1878（明治11）年设立的参谋本部之所以独立于政府之外，是因为日本已经决心要同中国和朝鲜开战[4]。1879（明治12）年日本吞并琉球，1879（明治12）年，军部提出“统帅权独

[1] 钱乘旦，陈意新．走向现代国家之路［M］．成都：四川人民出版社，1987：299-300.
[2] 本多雄治．清末民初日本武文化对中国影响［D］．广州：暨南大学，2006.
[3] 日本史籍协会．岩仓具视关系文书一［M］．东京：东京大学出版会，1983：365.
[4] 井上清．日本军国主义［M］．北京：商务印书馆，1985：217.

立”的问题并得以实现，国家预算的百分之三十用于军事费用。决心开战的日本，其军事因素对教育领域的影响在日益加强，因此在传习所成立之初，虽然李兰多极力批判兵式体操，但很快随着日本军国主义的发展，以及李兰多被解聘，兵式体操成为了学校体育课程的必修内容。1879（明治12）年10月日本政府修改《征兵令》，创设一年志愿兵制度，经陆军考试委员会考试合格的毕业生可以适用于该制度，这就要求学生在校期间必须学习有关陆军的知识和技能。同月，时任中央卫生会会长的森有礼建议“最好将强制体操导入军队式，并推广之”[1]，体操传习所作为师资培养机构必须与此相适应，于是就与日本陆军和兵操发生了各种联系，如1880年从陆军省教导团聘请士官1人、下士3人，每周为学生开设三次步兵操练课；1881（明治14）年借用陆军户山学校射击场，让学生每周一次实弹射击；1884（明治17）年6月陆军步兵大尉仓山唯永被任命为“文部省御用掛”并就职于体操传习所，对传习所的步兵操练课程进行调研并为之制定课程表。1885（明治18）年，要求体操传习所招收陆军步兵，为各府县培养体操教师。

1886（明治19）年至1889（明治22）年，日本开始按照“非常时”情况大力扩充军备，对于军制和军备进行了全面改革，把从前法国式的军队编制、训练、内务等规章制度改为普鲁士式，同时还采用普鲁士军队中很著名的对士兵的体罚方式作为维持军纪的最重要手段，抹杀个性的军纪日甚一日地严厉起来。因此，1886（明治19）年以后，日本军国性质进一步增强，军国主义教育初步展开。1886（明治19）年，与征兵令的修改相配合，作为军事预备教育的兵式体操正式引入中小学校成为必修课，同时学生开始兴起各种“行军”，模仿军队模式，学生们像军人一样遵守纪律，忍受劳苦，磨炼身心，这种形式在当时很受欢迎，体现了军国主义思想正逐步渗透进入教育领域，“这里也明显地暴露出，日本的中等和高等教育，首先是为了提供预备军官的场所，同时也是培养官僚的训练班”[2]。在1883（明治16）年征兵令修改之后，没有等待文部省表态，有不少府县就自己主动实施步兵操练。1889（明治22）年1月，又修改了征兵法，所有师范学校的毕业生都要被征去当兵，这是“为了使所有小学教员，都受军事训练，把教师培养成军国主义者”[3]。

[1] 大久保利谦．森有礼全集：第1卷［M］．东京：宣文堂书店，1952：329.
[2] 井上清．日本军国主义［M］．北京：商务印书馆，1985：221.
[3] 井上清．日本军国主义［M］．北京：商务印书馆，1985：221.

至此，日本军队就具备了它的一切基本特征：以半封建的地主制作为它的固有基础，同特权资产阶级结合起来，强制征集人民充当士兵，用天皇的名义，用最野蛮、蹂躏人格的军纪和宪兵来束缚士兵；这种军队由独立于政府以外的——当然人民更不可能过问的——假借天皇名义的统帅部来进行统帅，它是对内镇压人民争取生活、自由和权利的斗争，对外则经常伺机进行侵略、扩张领土的天皇的军队。1889（明治22）年颁布的“大日本帝国宪法”，把这个基本特征作为制度肯定下来。在甲午战前，军国主义已经“强有力地在日本成长起来了”[1]。

明治维新初期，大臣田中义一在一封奏折中讲道：“明治大帝遗策是第一期征服台湾，第二期征服朝鲜，第三期征服满蒙，第四期征服支那，第五期征服世界。”1887（明治20）年日本制定《清国征讨方略》，决定在1892（明治25）年前完成对中国的作战准备，1893（明治26）年5月，日本设立了陆军参谋本部和海军军令部，完成了大陆作战的体制[2]，1894（明治27）年中日甲午战争爆发。在中日甲午战争中，日本首次体验对外战争，人们开始萌生国民意识，人们的身体也被看作是支撑国民国家的身体[3]，特别是少年作为未来的国民被寄予厚望，作为将来的国民，国家希望他们拥有像士兵一样能够战斗的体魄。以甲午战争的胜利为契机，日本国内出现了热衷于战争的风潮，军国主义抬头，学校的运动会，与军队、战争相关联的游戏多起来，就连儿童的游戏里也流行模拟战争之类的。1895（明治28）年9月的帝国教育大会决定，为了培养尚武精神与体力，在小学教育中增加参观军队、军事游戏、兵式体操等内容，使学生从小就具有忍受一切苦难的习惯，并开展以海事、海国思想为基础的划船、游泳等项目。这种现象意味着“军国主义倾向过多地期待于体育教育，改变了体育原本的意义，使以后的体育教育逐渐失去了作为形成人性教育的根本目的”。“军国民体育”成为这一时期日本体育的核心，而这一不正常的体育形态，培训了大量的日本军国主义所需要的盲目追随者[4]。

日俄战争是日本首次遭遇世界战争，日本对日俄战争胜利颇为骄傲，日本的胜利震撼了整个世界，亚洲弱小国家居然打败了大国俄国，这是有色人种第一次

---

[1] 井上清．日本军国主义［M］．北京：商务印书馆，1985：124.

[2] 王述坤．日本史纵横谈［M］．上海：上海人民出版社，2009.

[3] 松浪稔．日俄战争与“少年”的身体：以明治时期的教科书和杂志文章为中心开展分析［J］．日本体育学会大会号，1999（50）：800-801.

[4] 本多雄治．清末民初日本武文化对中国影响［D］．广州：暨南大学，2006：17.

战胜白种人的战争。日俄战争前后的学校，体操科开始被视为军事训练的一部分，为了培养更加强壮的士兵，卫生保健也越来越受重视。在日俄战争前的1900（明治33）年8月，据第三次小学校令，在实行义务教育的普通小学校体操科再次成为正式科目。另外，从明治30年代开始修改完善学校卫生法规，“为了构筑向世界宣扬国威的日本帝国，必然需要保健制度的现代化”[1]。

日俄战争时，陆军动员了大量的未教育兵，蒙受了很大的损失。这一结果使他们痛感征兵前进行军事教育的必要，于是他们希望文部省在以后的学校教育中贯彻这种做法，期待通过学校的体育课程和体育活动来达到军事训练效果。从此以后，以兵式体操作为人格形成的时代已经过去，而到了以兵式体操直接为军事教育服务的时代。在甲午战争、日俄战争胜利后，日本军部实力日益增强，对学校体育的干预越来越大，20世纪初文部省成立体操游戏调查委员会，重新选定学校体育内容，居然需要与军部“合作”，并最终由军部认可其方案。

日本学者提出“战前，由于期待体操科目在我国中学以上的教育中发挥军事预备的作用，为了实现这一愿望，体操成为必修科目。在明治时期以保健为目的和以军事为目的的两个体操系统中，单单以保健为目的的体操成为非必修的可能性很大。在明治末期学校体育政策的再编和大正末期将陆军现役军官分配到学校，这些都说明了国家期待体操课可以发挥军事预备教育的作用”[2]。可以说，促使明治时期学校体育得到重视的重要原因之一就是日本的军事追求，在这种强烈的军事追求的推动下，学校体育逐渐走上为军事服务的道路，越陷越深，最终完全沦为军事训练的工具，因此，在“二战”前最终毁灭学校体育的也是其军事追求。到了“二战”期间，在疯狂的战争年代里，日本体育也随之发生较大的变化，变成纯粹的体现国家主义与极权主义的为战争服务的工具。学校体育充分体现了为军事服务的性质，学校体育首要目标都集中于战争目的的达成，从国民学校到专门学校，不分男女，都强调通过体育养成强韧的体力和旺盛的精神力，以培养富有护国精神的忠良臣民，学校体育彻底沦为战争工具。

总之，明治至“二战”前日本学校体育的面貌、特征及作用的发挥受到了社会诸因素的强烈影响，与政治改革、经济发展、教育进步、军事扩张以及传统思想文化均有密切联系。政治、经济是其学校体育形成与发展的坚实基础，近代

[1] 竹之下休藏，岸野雄三．近代日本学校体育史［M］．东京：日本图书中心，1973.

[2] 大熊广明．日本学校体育的建立和改组中采用军事体操和训练方法的意义：以明治和大正时代为中心［J］．筑波大学体育科学系纪要，2001（24）：57-70.

教育是学校体育形成的直接推动力，国家的军事扩张给学校体育以极为深刻的影响，并且其学校体育的形成深深地刻着日本传统思想文化的烙印。学校体育的发展及作用的发挥与日本明治以来维新变革的诸举措尤其是富国强兵、扩张国权的国家追求有着紧密的联系。归根结底，该时期的学校体育一直是日本实现其国家利益的重要手段。

## 第四节　思考与启示

“以史为鉴可以知兴替”，“二战”前日本的学校体育带给我们诸多思考与启示，如重视学生体质与健康、体育工具化的利与弊、对日本国民性的认识等。

### 一、重视体质健康与学校体育

从明治时期开始到“二战”前，日本对学校体育一直较为重视，学校体育在日本文明开化与富国强兵的近代化进程中发挥了重要作用。

日本从明治时期开始就意识到改造国民身体和增进国民健康的重要性，因而一直重视学校体育。从明治时期开始，学校体育从无到有逐步发展起来，为改善国民体质、实现国家富强、国家迈向现代化发挥了重要作用，这是值得我们借鉴的。

“二战”前日本学校体育的发展与国家利益高度吻合，在整个国家资本主义发展的大环境中得以进步，学校体育为其国家的强大发挥了不容忽视的作用。从明治时期开始，日本进行文明开化与富国强兵，力图比肩欧美。在其奋起直追的进程中，学校体育一直是国民体质改善的手段，也是军事预备教育的重要方式，因而成为自明治时期以来日本一直追求的“富国强兵”的重要工具。

日本从明治时期开始切实意识到与欧美人在体力与体格方面的较大差异，所以对改善人种、提高健康水平表现出较高渴望，这与其进行文明开化的热情相一致。在如此背景下，日本对学校体育给予了较高重视，可以说20世纪30年代之前日本的学校体育是在社会普遍关注健康、关注体格的背景下发展起来的。20世纪30年代之后，对体育的重视更多是出于军事目的。

20世纪30年代前，日本政府和文部省对学校体育的重要性有较高程度的认识，不断更新、改进制度，并设法切实推进，学校体育的发展，是在整个社会重视教育的背景下与教育一起全面推进的。欧美“三育并重”的思想在日本得到宣传普及，能够被教育界普遍接受，认识到体育对于培养全面发展的人具有重要作用。

20世纪30年代前的日本，有一个利于学校体育发展的整体环境。这启示我们，学校体育要想得到发展，仅靠单个部门力量有较大难度，如果整个社会都能科学认识体育的作用，学校体育才能得到较好的发展。社会的上层、主要领导要切实认识体育的重要性，学校体育的主管部门要以扎实的工作切实推进，学校作为基层教育部门，要摆正学校体育的位置，给予学校体育相应的地位，把体育作为培养全面发展的人的重要手段。

“二战”前日本的学校体育对国家富强发挥了不容忽视的作用，启示我们当前国际局势日趋复杂，在政治、经济改革进程中，我们对于国民体质健康尤其是青少年的健康问题必须予以高度重视，对学校体育要给予高度重视，采取有效措施推动学校体育开展，充分发挥学校体育对全面发展的人的教育作用，发挥学校体育在社会进步中应有的作用。

## 二、体育工具化的反思

虽然明治初期开始，日本教育界接受欧美“三育并重”的思想，将体育作为育人手段。但是自明治中期开始，随着军国主义的国家追求逐渐强烈并外显，日本学校体育开始转向军国主义的道路，成为军事预备教育的手段。经大正、昭和前期，到“二战”直接成为备战练兵的战争工具，学校体育目的彻底转向，内容均变为利于战力培养的相关方式，学校操场变成练兵场，学校体育的作用严重异化，成为学校体育发展史上的沉痛教训，这无疑值得认真反思。

体育是社会的组成部分，其发展总是与社会紧密联系，体育无法摆脱一定的社会基础而单独存在，尤其是社会的政治、经济、文化、军事等因素，对体育的制约和影响较大。因此，在某些历史时期或在某种程度上，体育的工具化可能为体育的自身发展赢得更多机会与空间，但完全的工具化会导致学校体育功能异化，偏离自身应有的发展方向，这也是不可取的。

中国近代接受西方体育之始，就将体育价值观定位于强国、强种、强兵的社会功能上，而忽略了其最重要的教育作用和功能——体育是培养人的教育手段。19世纪资产阶级革命取得胜利后，欧洲的近代体育从学校走向军队、走向社会，伴随资本主义扩张走向全世界，因此，西方的现代体育传播之路“是从学校到军队”[1]，而中国现代体育的传播之路是从军队到学校，显然与西方社会不同。清末中国受日本军国主义教育的强烈影响，军国民教育与军国民体育思潮兴起，一方面促进了中国近代体育的发展，但伴随中国近代体育登上历史舞台，另一方面也开启了体育的工具化倾向。在此后较长的历史时期中，体育的工具化倾向一直存在，直至今天仍时有表现。“近代体育传入中国伊始，就被视为‘强国强种’的工具。一直到21世纪，中国体育的角色定位仍然是‘振奋民族精神、让世界了解中国’”[2]。在某些特定的历史时期，体育不可避免地要充分发挥其社会功能，但是体育的长足发展，应当回归其本质。在现实社会中学校体育虽难免会受到一些社会因素的影响，但无论如何不能忘却，学校体育是教育的组成部分，是培养全面发展的人的重要部分，这是学校体育的根本性质。

## 三、对日本国民性的思考

### （一）看日本“善采异邦”的文化特性

明治时期日本学校体育的形成与发展，是日本人深刻认识到自身与欧美体格巨大差异后的行动，是日本不甘落后，奋起直追欧美的结果，从中可以看到日本人国民性中的优秀成分——不甘落后，一旦发现技不如人，必然动员社会方方面面的力量全力以赴奋起直追，甚至不达目的不罢休，这种强烈的进取精神值得任何国家和个人学习。

我们也能从中看到日本“善采异邦”的文化特点：乐于并善于吸取他人先进经验，并在引进的基础上不断改进，以求尽可能适合自身需求，适应自己的文化，能在学习引进的基础上不断创新、自主发展。“二战”前日本学校体育制度不断修订、完善，为应对形势变化、修订制度，反复多次进行认真调研，让我们看到日本人做事丝毫不会马虎和草率的认真态度。其积极进取、善于学习、善于取长补短、做事认真的精神，的确值得学习借鉴。

学者李力研分析甲午战争中日本战胜中国的原因，认为“日本人果敢掌握了

[1] 罗时铭．中国近代体育变迁的文化解读［M］．北京：北京体育大学出版社，2007：129-130.

[2] 胡小明．竞技运动文化属性的皈依——从工具到玩具［J］．体育文化导刊，2002（4）：15-18.

西方现代化的教育则是最重要的一个条件”[1]，他所说的现代化教育主要是指重视体育，西方人重视体育，日本人马上就学西方体育；德国通过体操培育优秀国民，日本人马上跟德国学习兵操；欧洲提倡兽性主义、野蛮精神，福泽谕吉立刻倡导“兽性主义”。日本人学习西方吃肉喝奶，甚至有人提议日本女人跟西洋通婚，以便生出大个子后代来。日本人喜欢学习，善于学习，一旦发现差距，就奋起直追，学校体育也是日本学习欧美的结果，这种善于学习的精神值得肯定。

### （二）从军国主义的学校体育看日本的对外侵略

日本军国主义的学校体育从明治时期初露端倪，到“二战”前彻底军国主义化，学校体育的军国主义化是伴随整个国家军国主义的进程而日益深化的，学校体育实际上也成为助力日本对外侵略的工具之一。到“二战”前，为了实现对外侵略的军事目的，实施战时总动员，社会的经济、文化、教育、体育均围绕战争目的展开，可以说为达到侵略目的，日本社会的疯狂异化达到顶峰。其中学校体育的异化达到前所未有的程度，这使我们深深体会到了日本的侵略性文化的突出特征，对此也必须予以深刻的反思和警惕。

日本自认为“大和”民族是“神”生民族，“天照大神”之后代，世界上“最优越”之民族，“大和”民族统治日本乃至亚洲及世界，均为神意，理所当然。因此，“大和”民族对外战争是“圣战”，完全是为完成历史使命。这就是日本的所谓“皇国史观”，即日本军国主义史观，是日本天皇制下占统治地位的意识形态[2]。基于这样的“皇国史观”，日本给自己的对外侵略披上了一层亮丽的外衣。因而在“二战”中，包括学校体育在内的诸多社会因素均紧密围绕战争目的展开。无论其如何美化、矫饰，“二战”中的学校体育沦为军国主义的工具这是学校体育发展史上的曲折、异化，是必须反思的历史，也是值得警惕的历史。

美国人类学家鲁思·本尼迪克特在对大量资料进行分析的基础上，把日本文化类型定义为耻感文化，即注重廉耻的一种文化心态。日本人勇于进取的精神，不甘落后、耻于失败的文化传统，再加上根深蒂固的武士道精神，以及其文化中固有的扩张性，这样的民族，难道不值得我们予以充分认识和警醒吗？体育是一

[1] 李力研．日本体育就是日本体育——对日本体育现象的一点看法［J］．体育文化导刊，2003（10）：19-22.

[2] 王维远，王江鹏．“皇国史观”是日本否认侵略历史的思想根源［J］．政工学刊，2000（8）：18-19.

扇窗，在某种程度上是民族文化的产物，并体现着民族文化的特点。对日本体育行为的透视与考察，也可在某种程度上深入认识日本的国民性。

## 本章小结

“二战”前日本学校体育的总体特征为“和魂洋才”，具体表现为“军国主义”特征与“科学性”特征。“二战”前日本的学校体育，是推进文明开化的场域之一，是近代教育的重要构成部分，对改善国民体质发挥了作用。尤为重要的是，“二战”前日本的学校体育是实施“富国强兵”核心国策的重要举措之一，“二战”前的学校体育是日本近现代学校体育的开端，奠定了日本近现代学校体育的基石。“二战”前日本的学校体育带给我们启示，应当重视学生体质与健康问题，重视发展学校体育，要防止体育过度工具化对自身发展带来的影响。日本“善采异邦”，擅于吸收他国的长处这些值得学习，但其文化中的侵略性特征值得警惕。

# Conclusion
# 结　语

第一，明治时期是日本近现代学校体育的开端阶段，日本从无到有，逐步确立了近代学校体育的制度和体系。明治时期的学校体育一方面为其后学校体育的发展打下了良好基础，另一方面也是日本近代军国主义体育的萌芽期。

第二，大正时期学校体育内容不断充实，瑞典体操在学校体育中获得正式地位，竞技运动和游戏盛行，竞技运动的风行促使人们对学校体育的科学性进行反思。从1917（大正6）年“临时教育会议”开始，教育体制开始明显“右倾”，学校体育受到影响，也大幅增加了军国主义的比重。1925（大正14）年《陆军现役将校学校配属令》使得学校教练在现役教官的指导下实施，学校军事训练进一步强化。该时期是军国主义体育的发展期。

第三，昭和时期的学校体育以军国主义思想为指导，在战时体制下构筑了军国主义的体育体系。各类学校的体育教学与课外活动，其首要目标都集中于战争目的达成，越临近“二战”该特点越明显，至“二战”期间学校体育彻底沦为战争工具。

第四，明治至“二战”前，日本学校体育是推进文明开化的场域之一，学校体育是近代教育的重要构项，促进了国民体质的改善，是实施“富国强兵”核心国策的举措之一。明治至“二战”前日本学校体育是现代学校体育的开端，奠定了日本近现代学校体育体制的基石。

第五，明治至“二战”前，日本学校体育整体上呈现出“和魂洋才”的特征，即以日本传统思想文化和基本精神与西方体育的方法、手段相结合，这一特征最符合日本的国家利益。军国主义特征与科学性特征是“和魂洋才”特征的具体体现。明治前期日本开始积极学习欧美，学校体育一直表现出一定的科学性。明治中期开始，学校体育逐渐被军国主义利用，成为日本统治集团进行军事预备教育、进而对外扩张的工具，到昭和时期，军国主义特征日趋明显，到“二战”中学校体育彻底军国主义化。

第六，明治至“二战”前，日本学校体育的发展与该时期的政治改革、经济发展、教育进步、军事扩张以及传统思想文化均有密切联系。政治改革与经济发展是学校体育快速发展的坚实基础，近代教育是学校体育制度化和不断完善的直接推动力，传统思想文化及军国主义是学校体育的“和魂”。而影响学校体育的核心因素是日本谋求强大并进行军事扩张的国家追求，这一侵略扩张的军事追求是学校体育形成“和魂洋才”的特征、深受重视并能发挥重要作用的根源。

第七，明治时期是日本近代学校体育的初创时期，其创立与发展和维新变革密切相关，学校体育在国家富强过程中发挥了不容忽视的作用，该时期是军国主义学校体育的初兴阶段；大正时期是日本近代学校体育的发展阶段，军国主义体育得到强化。昭和初期，在国家的战争追求下，学校体育出现异化，军国主义体育进一步强化。此后到“二战”期间，学校体育极端异化，沦为战争工具，给学生的身心发展以及学校体育自身的发展带来不利影响。

从明治到“二战”前，学校体育在日本走向强大过程中发挥了重要作用，其对提高民众健康水平、提高人力资源素质，进而促进国家发展的作用值得肯定。但在“二战”期间及以后的战争期间，日本以学校体育为战争工具，影响了学校体育自身的健康发展，这是值得反思的历史教训。

第八，明治前期日本学校体育的成功经验和“二战”前学校体育走向军国主义道路的教训，从正反两方面告诉我们：从明治时期开始一直到“二战”，日本对学校体育一直较为重视，学校体育在日本文明开化与富国强兵的近代化进程中发挥了重要作用。国家的强大应该重视包括青少年学生在内的国民体质健康，应当重视推动学校体育的发展；但是，学校体育只有回归于教育本质，才有可能得到健康、持续的发展，以学校体育为战争工具违背学校体育的发展规律，对学校体育自身会造成不良的影响。

# References
# 参考文献

## （一）日文教材专著


［1］伊崎晓生，松岛荣一．日本教育史年表［M］．东京：三省堂，1990.

［2］中村政则．日本近代思想大系：第8卷［M］．东京：岩波书店，1988.

［3］佐藤英一郎．日本的现代化和教育改革［M］．东京：金子书房，1987.

［4］井上清．日本军国主义［M］．北京：商务印书馆，1985.

［5］日本史籍协会．岩仓具视关系文书一［M］．东京：东京大学出版会，1983.

［6］岸野雄三．体育史——试论体育史学［M］．成都体育学院，译．北京：国家体委百科全书体育卷编写组，1982.

［7］小原国芳．小原国芳选集：第3卷［M］．东京：玉川大学出版部，1981.

［8］梅渓昇．国史大辞典：第2卷［M］．吉川：弘文馆，1980.

［9］井上雄．日本的教育思想［M］．日文版．东京：福村社，1979.

［10］梅根悟．世界教育大系：第1卷［M］．东京：讲谈社，1976.

［11］国立教育研究所．日本近代教育百年史：第3卷［M］．东京：文唱堂，1974.

［12］国立教育研究所．日本现代教育百年史：第4卷［M］．东京：文唱堂，1974.

［13］大江志乃夫．国民教育与军队——日本军国主义教育政策的成立与展开［M］．东京：新日本出版社，1974.

［14］竹之下休藏，岸野雄三．近代日本学校体育史［M］．东京：日本图书中心，1973.

［15］香川敬三．岩仓公实记：中卷［M］．东京：岩仓公旧迹保存会，1972.

［16］能势修一．明治体育史的研究：以体操传习所为中心［M］．第2版．东京：逍遥书院，1971.

［17］今村嘉雄．日本体育史［M］．东京：不昧堂，1970.

［18］海老原治善．现代日本教育政策史［M］．东京：三一书房，1965.

［19］海后宗臣．日本教科书大系：第 2 卷［M］．现代编．东京：讲谈社，1962.
［20］福泽谕吉．福泽谕吉全集：第 12 卷［M］．东京：岩波书店，1961.
［21］高桥义雄．人种改良论［M］．东京：风间书房，1961.
［22］日本历史学会．日本现代思想史讲座：第 8 卷［M］．东京：筑摩书店，1961.
［23］福地重孝．军国日本的形——士族意识的展开及其终结［M］．东京：春秋社，1959.
［24］大久保利谦．森有礼全集：第 1 卷［M］．东京：宣文堂书店，1952.
［25］教育史编纂会．明治以后教育制度发展史：第 1 卷［M］．东京：龙吟社，1938.
［26］川濑元九郎．家庭运动法［M］．东京：内田老鶴圃，1910.
［27］永井道明．家庭体操［M］．东京：东京发行所，1910.
［28］小林矶治．最新学校体操之理论及体操游戏教授细目［M］．东京：平本健康堂，1910.
［29］武田文三郎．学校游戏的理论及实际［M］．京都：隆文馆，1908.
［30］平本直次．改正小学校体操法：上卷［M］．体操游戏普及会，1907.
［31］地方学务研究会．改正普通体操一览［M］．1906.
［32］武田文三郎．改正小学校体操法解说［M］．大阪：积善馆发行所，1906.
［33］田中俊甫．学校用兵式体操书［M］．东京：萩响海馆，1906.
［34］矢岛钟二．最新行进法［M］．东京：英文馆，1905.
［35］武田千代三郎．理论实验竞技运动［M］．东京：博文馆，1904.
［36］佐佐木龟太郎．竞争游戏最新运动法［M］．1903.
［37］晴光馆编辑部．竞技运动体育读本［M］．东京：晴光馆，1903.
［38］武田铃三．小学校适用哑铃体操法解说［M］．新泻：安达文华堂，1903.
［39］筵井千代一．校庭游戏［M］．东京：国立国会图书馆，1901.
［40］鹿田熊八，寺本伊势松．改正小学体操法［M］．大阪：久荣堂，1898.
［41］加藤广吉．国民体操法［M］．东京：森井爱之助，1896.
［42］涩江保．简易体操法［M］．大阪：宋荣堂，1892.
［43］石田斯文．生徒必携改正普通兵式体操教范柔软之部［M］．东京：品川千代夫，1890.
［44］田上耕助．学徒卫生运动要诀［M］．大阪：松城堂，1888.
［45］保利联．卫生室内运动［M］．大阪：宋荣堂，1887.

## （二）日本期刊论文

［1］矢野裕介．关于战时剑道的战术化以及冰上剑道［J］．日本体育学会大会论文集，2017（68）：702.
［2］祖山樱．女子体育薙刀教材相关研究——关于十五年战争中与贤妻良母的关系［J］．日本体育学会大会论文集，2017（68）：70-73.

[3] 掛水通子．关于担任昭和战前的女子高中、职业女子高中的体操教员：以明治后半期至昭和战前的《各中学教职员名册》（1903—1934）和《女子高中、职业女子高中职员名册》（1939 年）的分析为基础［J］．东京女子体育短期大学学报，2016（51）：13-26.

[4] 掛水通子．关于担任昭和战前的女子高中、职业女子高中的体操教员：以明治后半期至昭和战前的《各中学教职员名册》（1903—1934）和《女子高中、职业女子高中职员名册》（1939 年）的分析为基础［J］．日本体育学会大会论文集，2014（65）：78-79.

[5] 平松携．中等教育下体育运动的变迁与发展（从尾道市立高中建校至今）［J］．尾道大学经济信息论文集，2009，9（2）：75-120.

[6] 中泽笃史．大正后期至昭和初期东京帝国大学运动会的组织化过程：注重学生和学校之间的互动［J］．体育学研究，2008（53）：315-328.

[7] 小村渡歧磨．关于体育（体操）教师形象的变迁：明治至昭和 20 年［J］．现代社会文化研究，2006（37）：19-28.

[8] 大久保英哲．写在学生作文中的明治 30 年代的学校运动会：从明治时期金泽市小学生作文来看［J］．日本体育学会大会论文集，2005（56）：166.

[9] 渡边贵裕．大正时期暑假的体育活动［J］．京都大学研究生院，2003（55）：242-243.

[10] 真嶋亚有．现代肉食时代：明治时期日本军事肉食需求与肉食观的特征［J］．国际基督教大学学报，2002（Ⅲ-A）：213-230.

[11] 大熊广明．日本学校体育的建立和改组中采用军事体操和训练方法的意义：以明治和大正时代为中心［J］．筑波大学体育科学系纪要，2001（24）：57-70.

[12] 坂下玲子．大谷武一的体育观相关研究（2）［J］．日本体育学会大会号，2000（51）：485.

[13] 松浪稔．日俄战争与“少年”的身体：以明治时期的教科书和杂志文章为中心开展分析［J］．日本体育学会大会号，1999（50）：800-801.

[14] 大熊广明．体操传习所旧藏书内容特别展对身体和游戏的目光——日本近代体育黎明时期的体操传习所（明治 11—19 年）［J］．筑波大学图书馆报，1999，25（3）：9-11.

[15] 大熊广明．大正时期香川县的学校体育［J］．日本体育学会大会号，1997（48）：129.

[16] 大熊广明．大正时期鸟取县的学校体育［J］．日本体育协会代表大会，1996（47）：142.

[17] 成宫宏俊，木村吉次．明治时期彦根普通高等小学的游泳教学［J］．日本体育协会代表大会 168 号，1995（46）.

[18] 前田干夫．大正时期体操专业的研究：论体操日本化的因素［J］．日本体育学会大会论文集，1995（46）：164.

[19] 前田干夫．大正时期小学体操教学研究（体操教学的动机和方针）［J］．日本体育学会大会论文集，1994（45）：151.

[20] 前田干夫．大正时期学校体育的研究：香西小学体操教师形象［J］．日本体育学会大会论文集，1993，44A：128.

[21] 前田干夫．大正时期学校体育的研究：香西小学的体育设施和体操服［J］．日本体育学会大会论文集，1992，43A：114.

[22] 西川友之，水谷秀树，大川信行．关于“第1届全国冠军棒球锦标赛各代表中学选手选拔赛”（大正4年）的设立状况［J］．日本体育学会大会论文集，1991，42A：110.

[23] 大熊广明．论樱井恒次郎的体操论对大正时期学校体育教育的影响［J］．日本体育学会大会论文集，1985（36）：89.

[24] 前田干夫．大正时期学校体育的研究——以香西小学体育实践的动机和目的为中心［J］．日本体育学会大会论文集，1984（35）：104.

[25] 大熊广明．关于大正时期小学体育教育和学校卫生的关系：以福冈县为例［J］．鸟取大学教育系学报（教育科学），1984（10）：107-117.

[26] 大川信行．从小学体操教材看《学校体操教学要点》（昭和11年修订）对艺术体操的影响［J］．日本体育学会大会号，1984（35）：93.

[27] 中村民雄．对大正时期体操教师资格制度的研究［J］．日本体育学会大会论文集，1984（35）：102.

[28] 守田显三．明治时期石川县学校体育的发展：小学的远足和修学旅行（1）［J］．石川县农业短期大学研究报告，1983（13）：32-41.

[29] 谷釜了正．建立学校“球赛”的过程研究——从球“戏”到球“技”的转变过程（明治40年—大正15年）［J］．日本体育大学纪要，1983（12）：1-11.

[30] 渡边融．明治时代师范学校的体育运动［J］．日本体育学会大会号，1982（33）：106.

[31] 小仓寿美子，鹤冈英一．大正时期的游戏书［J］．日本体育学会大会号，1980（31）：182.

[32] 松泽平一．信州大正时期的学校体育研究——学校体操教学要点的制定及各县的应对［J］．日本体育学会大会论文集，1979（30）：97.

[33] 东正雄，北野与一．日本身心障碍者体育教育的历史研究——大正12年至昭和20年的盲人学校体育［J］．日本体育学会大会号，1979（29）：92.

[34] 小口正行．明治时期长野县的学校体育（第8报）：关于课外活动［J］．日本体育学会大会号，1979（30）：96.

[35] 井上雅之．昭和初期的日本体育体系相关研究［J］．冈山理科大学纪要，1977（12）：1-13.

[36] 松泽平一．信州大正末期昭和初期的初中体育［J］．冈山理科大学纪要，1977（12）：1-13.

[37] 加贺秀雄．论昭和初期高中体育俱乐部的普及化［J］．日本体育学会大会号，1977（28）：104.

[38] 水田嘉美，小村渡岐磨，古谷嘉邦，等．从体育政策的角度看体育教师的形象的研究［J］．东海大学纪要体育系，1977（7）：45-54.

[39] 水田嘉美，井上一男，小村渡岐磨，等．从与明治大正时期体育政策的关系看日本体育教师形象［J］．日本体育学会大会论文集，1977（28）：102.

[40] 水田嘉美．从体育政策的角度研究体育教师的形象：以明治大正时期为中心［J］．东海大学体育系，1977（7）：45-54.

[41] 安藤丰．大正时期“军官教师”（体操科教师）的尝试［J］．北海道大学教育系纪要，1977（30）：57.

[42] 土本房枝，浅田隆夫．日本学校体育教育的西化：大正末期的特点［J］．日本体育学会大会号，1976（27）：63.

[43] 井上雅之．昭和初期日本体育体系相关研究［J］．冈山理科大学，1976（12）：1-13.

[44] 平野稔．大分县的体育史研究——大正时期的学校体育［J］．大分大学经济评论，1975，27（4）：53-78.

[45] 平野稔．大分县的体育史研究（大正时期的学校体育）［J］．日本体育学会大会论文集，1975（26）：128.

[46] 平野稔．明治时期大分县的体育史研究——中学体育［J］．大分大学经济论文集，1974，26（4）：61-97.

[47] 潰瀬龙一．大正时期的体育史研究——文献资料中体育的动向［J］．日本体育学会大会号，1974（25）：134.

[48] 井上三佐男．从体育制度的角度看明治和大正时期的学校体育：主要是男子中学的体育教育［J］．淑德大学研究纪要，1974（8）：64-84.

[49] 岛田正士．从报纸社论看大正时期的体育教育和运动［J］．日本体育学会大会号，1973（24）：41.

[50] 鶴岗英一．明治时期广岛县中学的校友体育俱乐部［J］．体育学研究，1973，18（1）：9-22.

[51] 木下秀明．明治后期日本体育协会的事业［J］．体育学研究，1973，17（6）：357-366.

[52] 岛田正士．大正后期大众传播与体育的关系［J］．日本体育学会大会号，1972（23）：533.

[53] 古城建一，梅田利兵卫，山田诚．学校户外教育的历史研究：主要以明治时期的远足为中心［J］．体育学研究，1971，15（5）：17.

[54] 平野稔．明治时期大分县的体育史研究：关于运动会［J］．体育学研究，1971，15（5）：17.

[55] 野泽严，梅田利兵卫，等．学校户外教育的历史研究：主要以大正时期的林间学校为中心［J］．体育学研究，1971，15（5）：17.

[56] 中西征夫，梅木胜，小前毅．大正时期凤鸣义塾的体育教育［J］．日本体育学会大会号，1971（22）：45.

［57］植屋春见．明治、大正时期鹰城学校的体育教育［J］．体育学研究，1970，14（5）：23.
［58］加贺秀雄．对大正末期反对军事教育运动的历史评价［J］．体育学研究，1970，14（5）：23.
［59］奈良冈健三．明治、大正时期北海道大学体育运动的相关研究［J］．体育学研究，1970，14（5）：38.
［60］桥本勋，梅田利兵卫，长谷川纯三．明治、大正时期学校登山运动的研究［J］．体育学研究，1967，11（5）：25.
［61］弘中荣子，前川峯雄．大谷武一的教育思想特别是昭和初期的基础及其界限［J］．体育学研究，1967，11（5）：13.
［62］木村吉次．关于学校体操教学要点（大正2年）制定过程的相关研究［J］．中京体育学论丛，1964，6（1）：47-119.
［63］木下秀明．明治体育史中的人物［J］．体育科学，1961，11（6）：306-309.
［64］二阶堂公子．小学生、中学生、大学生体质的变化：明治33年至昭和30年（生活科学）［J］．京都府立大学学术报告，1960，3（2）：101-108.
［65］臼井雅男．明治初期日本人身高变化的研究（其中之一）［J］．体育学研究．1958，3（1）：168.
［66］木下秀明．明治时期学校教育对体操的看法：主要以普通体操和军事体操的形成过程为中心［J］．体育学研究，1957，2（6）：235-246.
［67］篠原助市．东京文理科大学教育学会［J］．教育学研究，1932，1（8）：907-936.
［68］大川信行．从昭和11年改正学校体操教授要目看新体操在小学的影响［J］．日本体育大学纪要，1985（14）：2.
［69］水田嘉美．从体育政策角度看体育教师形象的研究［J］．东海大学纪要体育系，1977（7）：45-54.
［70］川上雅之．日本体育体系研究——昭和初期的动向［J］．冈山理科大学，1977（12）：1-13.
［71］木村吉次．学校体操教授要目（大正2年）的制定过程相关考察［J］．文部省科学研究，1964.

## （三）中文教材专著

［1］王新生．日本简史［M］．北京：北京大学出版社，2013.
［2］袁咏红．梁启超对日本的认识和态度［M］．北京：中国社会科学出版社，2011.
［3］谭华．体育史［M］．北京：高等教育出版社，2009.
［4］贺国庆，于洪波，朱文富．外国教育史［M］．北京：高等教育出版社，2009.

[5] 刘柠．穿越想象的异邦——布衣日本散论［M］．杭州：浙江大学出版社，2009.
[6] 王述坤．日本史纵横谈［M］．上海：上海人民出版社，2009.
[7] 臧佩红．日本近现代教育史［M］．北京：世界知识出版社，2010.
[8] 罗时铭．当代日本学校体育与社会体育研究［M］．北京：北京体育大学出版社，2007.
[9] 托特曼．日本史［M］．王毅，译．上海：上海人民出版社，2008.
[10] 陈婉玲，杨辉．新译日本法规大全：第8卷［M］．北京：商务印书馆，2008.
[11] 罗时铭．中国近代体育变迁的文化解读［M］．北京：北京体育大学出版社，2007.
[12] 福泽谕吉．福泽谕吉教育论著选［M］．王桂，译．北京：人民教育出版社，2005.
[13] 王智新，潘立．日本基础教育［M］．广州：广东教育出版社，2004.
[14] 王勇．新编日本通史［M］．杭州：浙江大学日本文化研究所，2004.
[15] 吴式颖，任中印．外国教育思想通史：第8卷［M］．长沙：湖南教育出版社，2002.
[16] 李文英．模仿、自立与创新——近代日本学习欧美教育研究［M］．石家庄：河北教育出版社，2001.
[17] 杨孔炽．日本教育现代化的历史基础［M］．福州：福建教育出版社，1998.
[18] 依田熹家．日中两国现代化比较研究［M］．卞立强，严立贤，叶垣，等，译．北京：北京大学出版社，1997.
[19] 吴廷璆．日本史［M］．天津：南开大学出版社，1994.
[20] 小原国芳．日本教育史［M］．吴家镇，戴景曦，译．北京：商务印书馆，1993.
[21] 新渡户稻造．武士道［M］．张俊彦，译．北京：商务印书馆，1993.
[22] 饶从满．当代日本小学教育［M］．太原：山西教育出版社，1992.
[23] 滕大春．外国教育通史：第4卷［M］．济南：山东教育出版社，1992.
[24] 近代日本思想史研究会．近代日本思想史：第2卷［M］．北京：商务印书馆，1992.
[25] 雅斯贝尔斯．什么是教育［M］．邹进，译．北京：三联书店，1991.
[26] 颜绍泸，周西宽．体育运动史［M］．北京：人民体育出版社，1990.
[27] 王桂．日本教育史［M］．长春：吉林教育出版社，1987.
[28] 钱乘旦，陈意新．走向现代国家之路［M］．成都：四川人民出版社，1987.
[29] 武恩莲．世界体育史［M］．沈阳：沈阳体育学院教务处，1987.
[30] 森岛通夫．日本为什么成功［M］．胡国成，译．成都：四川人民出版社，1986.
[31] 万峰．日本资本主义史研究［M］．长沙：湖南人民出版社，1984.
[32] 刘天纯．日本产业革命史［M］．长春：吉林人民出版社，1984.
[33] 中共中央马克思恩格斯列宁斯大林著作编译局．马克思恩格斯选集：第4卷［M］．北京：人民出版社，1972.
[34] 吴文忠．日本体育全貌［M］．台北：水牛出版社，1971.
[35] 楫西光速，大岛清，加藤俊彦，等．日本资本主义的发展［M］．闫静先，译．北京：商

务印书馆，1963.
[36] 列宁．帝国主义是资本主义的最高阶段［M］//列宁．列宁全集：第22卷．北京：人民出版社，1958.
[37] 蔡锷．蔡松坡先生遗集：第2册［M］．邵阳：蔡公遗集编印委员会，1943.
[38] 钟鲁斋．比较教育［M］．北京：商务印书馆，1935.

## (四) 中文期刊论文

[1] 王梅．论近代日本构建清洁文明国家的策略［J］．日本文化研究，2011（6）：120-125.
[2] 曾玉华，许万林，姚如好．中日韩对西方近代体育的接受及其发展特点［J］．体育文化导刊，2010（5）：142-145.
[3] 周爱光，陆作生．中日学生体质健康状况的比较及其启示［J］．体育学刊，2008，15（9）：5-7.
[4] 张义素．日本军国主义教育及对国民意识的影响［J］．日本学刊，2005（4）：83-95.
[5] 余建华．嘉纳治五郎与日本柔道的发展［J］．体育文化导刊，2004（7）：60-61.
[6] 李力研．日本体育就是日本体育——对日本体育现象的一点看法［J］．体育文化导刊，2003（10）：19-22.
[7] 聂小虎．日本战时体制下的体育军事化过程［J］．体育文化导刊，2003（6）：60-61.
[8] 北冈正子．鲁迅改造国民性思想的由来——加纳治五郎给第一批毕业生讲话的波澜［J］．靳丛林，译．鲁迅研究月刊，2002（3）：20-28.
[9] 胡小明．竞技运动文化属性的皈依——从工具到玩具［J］．体育文化导刊，2002（4）：15-18.
[10] 钱澄，马约生．日本现代化与中国［J］．南京大学学报，2002，39（4）：137-145.
[11] 王维远，王江鹏．“皇国史观”是日本否认侵略历史的思想根源［J］．政工学刊，2000（8）：18-19.
[12] 大熊广明．学者笔下的日本近代体育史［J］．成都体育学院学报，2000（1）：10-13.
[13] 杨绍先．武士道与日本军国主义［J］．世界历史，1999（4）：56-64.
[14] 张德伟．论“和魂洋才”在日本教育现代化过程中的作用［J］．外国教育研究，1994（5）：8-14.
[15] 卢元镇．中日体育文化比较交流散论［J］．天津体育学院学报，1992（1）：56-60.
[16] 肖冲．清末留日学生对“欧化”的日本体育传入中国所起的作用［J］．体育文史，1987（3）：8-13.
[17] 毛振明．日本学校体育拾零学校体育［J］．学校体育，1985（3）：58-59.
[18] 阿部生尾，清原安晴，中岛健．日本的法西斯主义、体育和社会［J］．徐刚生，译．体

育文化导刊，1993（2）：56-59.
[19] 罗荣渠．论现代化的世界进程［J］．中国社会科学，1990（5）：107-126.

## （五）硕博论文

[1] 王妍．近代日本学校军国主义教育历程研究［D］．曲阜：曲阜师范大学，2011.
[2] 刘山．日本近代普及义务教育研究［D］．保定：河北大学，2010.
[3] 迟铁军．“和魂汉才”和“和魂洋才”关系论［D］．长春：东北师范大学，2006.
[4] 本多雄治．清末民初日本武文化对中国影响［D］．广州：暨南大学，2006.
[5] 牛亚华．中日接受西方解剖学之比较研究［D］．西安：西北大学，2005.
[6] 能势修一．明治时期学校体操的建立过程研究［D］．筑波：筑波大学，1992.

## （六）报纸和档案

[1] 学校体操教学要目的改正要点［N］．文部时报，1937-03-01（575）.
[2] 福泽谕吉．必须食肉［N］．时事新报，1882-12-15.
[3] 祈战死［N］．清议报，1899-11-21.
[4] 体操传习所．体操传习所第14年报［N］．文部科学省，1886：5.
[5] 文部省第7年年报［N］．体操讲习所年报：387.
[6] 文部省．普通教育体操游戏调查报告书［R］．1905.